SEFER HA-PARDES
BY JEDAIAH HA-PENINI

Sefer ha-Pardes by Jedaiah ha-Penini

A Critical Edition with English Translation

David Torollo

UNIVERSITY OF CAMBRIDGE
Faculty of Asian and Middle Eastern Studies

OpenBook Publishers

https://www.openbookpublishers.com

© 2022 David Torollo.

This work is licensed under a Creative Commons Attribution-NonCommercial-NoDerivatives 4.0 International license (CC BY-NC-ND 4.0). This license allows you to share, copy, distribute and transmit the work for non-commercial purposes, providing attribution is made to the author (but not in any way that suggests that he endorses you or your use of the work). Attribution should include the following information:

David Torollo, *Sefer ha-Pardes by Jedaiah ha-Penini*. Cambridge Semitic Languages and Cultures 13. Cambridge, UK: Open Book Publishers, 2022, https://doi.org/10.11647/OBP.0299

Copyright and permissions for the reuse of many of the images included in this publication differ from the above. Copyright and permissions information for images is provided separately in the List of Illustrations.

In order to access detailed and updated information on the license, please visit, https://doi.org/10.11647/OBP.0299#copyright

Further details about CC BY-NC-ND licenses are available at, https://creativecommons.org/licenses/by-nc-nd/4.0/

All external links were active at the time of publication unless otherwise stated and have been archived via the Internet Archive Wayback Machine at https://archive.org/web

Updated digital material and resources associated with this volume are available at https://doi.org/10.11647/OBP.0299#resources

Every effort has been made to identify and contact copyright holders and any omission or error will be corrected if notification is made to the publisher.

Semitic Languages and Cultures 13.

ISSN (print): 2632-6906
ISSN (digital): 2632-6914

ISBN Paperback: 9781800647251
ISBN Hardback: 9781800647268
ISBN Digital (PDF): 9781800647275
DOI: 10.11647/OBP.0299

Cover images: Manuscript No. 315, Fol. 168b, Günzburg collection (Manuscript Department of RSL col. 71) © Russian State Library, all rights reserved

Cover design: Anna Gatti

CONTENTS

ACKNOWLEDGEMENTS vii
A NOTE ON TRANSLATION AND TRANSLITERATION ix
INTRODUCTION.. 1
    1.0. Transmission and Reception of *Sefer ha-Pardes* 2
    2.0. Didacticism: What to Know and How to Feel
        about It... 8
    3.0. Wisdom Epigrams in Provence 11
    4.0. Conclusion... 17
PARALLEL TEXT 19
REFERENCES 161
INDEX 167

ACKNOWLEDGEMENTS

This book has its origins in a postdoctoral project that I carried out at King's College London, in which I examined a fundamental, yet little-studied example of cultural interaction: the circulation of didactic texts among Jews, Muslims, and Christians in medieval Iberia and its Mediterranean border zones. Among the corpus of works in Arabic, Hebrew, Judaeo-Arabic, and Castilian that I explored, *Sefer ha-Pardes* was one of the Hebrew representatives.

During the various phases of development of this monograph, several people have provided passionate encouragement and invaluable guidance toward its completion, and I owe a substantial debt of gratitude to them: Raymond Scheindlin, Michael Rand, Matti Huss, Alessandro Guetta, Aurora Salvatierra, and Julian Weiss. I would also like to thank Geoffrey Khan, the editor of the Cambridge Semitic Languages and Cultures series, and Alessandra Tosi, Managing Director of Open Book Publishers, for their continuous support and patience, and Aaron Hornkohl for copyediting the monograph.

Lastly, this project would not have been possible without the Early Career Development funds granted by the Small Project Scheme of the Faculty of Arts and Humanities at King's College London, and the support of the research project 'Legado de Sefarad: La producción material e intelectual del judaísmo sefardí bajomedieval, 3a parte', based at the Complutense University of Madrid and funded by the Spanish Ministry of Science and Innovation (PID2019-104219GB-I00). In addition, this research was made possible by the support of the Rothschild Foundation Hanadiv Europe.

A NOTE ON TRANSLATION AND TRANSLITERATION

Unless indicated, translations are my own.

For transliteration of Hebrew terms and phrases, I have used the system recommended in the *Jewish Quarterly Review*, with four exceptions: *ṭ* in place of *t* for the letter ט, *ṣ* in place of *ts* for the letter צ, *q* in place of *k* for the letter ק, and *ś* in place of *s* for the letter שׂ. Furthermore, both reduced and unreduced vowels are equally represented as *a, e, i, o, u*; quiescent *shewa* is not transliterated; prefixes are separated from words with a hyphen; and final ה is transliterated.

For Arabic terms and phrases, I have followed the system of the *International Journal of Middle East Studies*.

INTRODUCTION

Jedaiah ben Abraham Bedersi 'ha-Penini' (ca. 1270–ca. 1340), a Provençal Jewish author born in the second half of the thirteenth century, wrote a short treatise containing concise epigrams and short stories on various *musar* topics. That work, whose title is *Sefer ha-Pardes* 'The Book of the Orchard', is the focus of this monograph.[1]

I first became acquainted with this work while working on my doctoral dissertation on *Mishle he-ʿArav* 'The Sayings of the Arabs', another Provençal work on wisdom, through which I explored the Hebrew didactic tradition in Iberia and Provence in the thirteenth century.[2] Although the author Jedaiah ha-Penini is known by scholars of medieval Hebrew literature in Christian lands, his work *Sefer ha-Pardes* has received very little scholarly attention, in part because this has been the fate of many wisdom works—a genre midway between the religious and the secular and between oral and written cultures—and in part because it has been overshadowed by the author's other major works, such as *ʾOhev Nashim* 'The Lover of Women' and *Beḥinat ʿOlam* 'The Examination of the World'. This disregard prompted my unearth-

[1] For more information on this author and his works, see Renan (1893, 359–402), Schirmann and Fleischer (1997, 499–513), and Halkin and Glasner (2007, 100–1).

[2] For a comprehensive study, a critical edition of the Hebrew manuscripts, and a translation of *Mishle he-ʿArav* into Spanish, see Torollo (2021a).

 https://doi.org/10.11647/OBP.0299.01

ing of *Sefer ha-Pardes*, which turns out to be an excellent representative of the medieval genre of didactic and wisdom literature.

The goal of this monograph is to provide the first translation into English and a Hebrew critical edition based on four sixteenth-century witnesses of *Sefer ha-Pardes*: three manuscripts and a printed edition from Constantinople. Before that, I review the work's transmission and reception in different places over time. Then, I explore its structure and content, both religious and secular. Third, I situate the work within the intellectual environment and literary tradition of Provence. And lastly, I open the discussion with possible lines of enquiry for future research and complementary studies.

1.0. Transmission and Reception of *Sefer ha-Pardes*

The work *Sefer ha-Pardes*, probably written at the end of the thirteenth century, enjoyed newfound popularity in the sixteenth century, when three manuscripts of the work were copied. The first witness we have is MS Michael 536 in the Bodleian Library in Oxford.[3] It contains the complete work—fols 100א–108א—in Italian script and is dated 1518–1520. Other major works that accompany this one in the codex are *Ma'amar Ruaḥ Ḥen* 'Treatise on the Spirit of Grace', an introduction to Maimonides's *Moreh Nevukhim* 'Guide for the Perplexed', attributed to Jacob Anaṭoli;

---

[3] It belongs to the collection of 860 manuscripts amassed by the German bibliophile Heimann Joseph Michael (1792–1846) and acquired by the library in 1848 (see Richler 2014, 140).

Ṣeror ha-Kesef 'The Bundle of Silver', a comprehensive treatise on logic, by Joseph ibn Kaspi; and some fragments of Abraham bar Ḥiyya's *Yesod ha-Tevunah u-Migdal ha-ʾEmunah* 'The Foundation of Understanding and the Tower of Faith', an early attempt to synthesise Greek and Arabic mathematics.

The second manuscript that contains the work is MS Guenzburg 315 in the Russian State Library in Moscow.[4] It also contains the complete work—fols 166א–174א—in Italian script and is dated 1524. The codex includes around 22 works, not all of which are complete, that belong to different periods, are written in different scripts, and were bound together at a later date, such as *Mozne Ṣedeq* 'Scales of Justice', a Hebrew translation by Abraham ibn Ḥasdai of a work on Sufism attributed to Abū Ḥāmid al-Ghazālī; and an autograph copy of the eighteenth-century work by Khalifa ben Malka, *Kaf Naqi* 'Clean Hand', on liturgy, prayers, and *ḥidushim*.

The third manuscript of *Sefer ha-Pardes* is MS 2131 in the Jewish Theological Seminary (JTS) in New York.[5] The work is

---

[4] It belonged to the private library of the Guenzburg family in the nineteenth century. The Guenzburg library had more than 1900 manuscripts that were to be bought by the Jewish Theological Seminary, when the outbreak of the First World War cancelled the arrangement. In 1917, David Guenzburg's widow sold the collection to a Russian Zionist group, with the intention of sending it to Jerusalem, but the new revolutionary government seized the material and kept it in Moscow (see Richler 2014, 87).

[5] The American banker Mortimer Schiff donated the manuscript to JTS in the 1920s. I thank Jerry Schwarzbard, Librarian for Special Collections at JTS, for this information.

complete—fols 3א–10א—in Italian script, and a colophon on fol. 25ב says that the copyist is a certain Ḥiyya Finzi, whose date of birth seems to be 1575.[6] The codex clusters together fragments from a total of 14 works, including treatises on Kabbalah, such as *Maʾamar ʿal Derekh ha-Qabalah* 'Treatise on the Ways of Qabalah' and *Sefer ha-Yiḥud* 'The Book of Unity' by Asher ben David; and, curiously enough, a chapter from Judah al-Ḥarizi's *Sefer Taḥkemoni* 'The Book of Taḥkemoni'.[7]

What emerges from this survey is that the work consistently circulated with a group of philosophical, Kabbalistic, and scientific works, all of them written in Provence, or in areas with close cultural ties to Provence, like Catalonia. Italian scribes copied these manuscripts in the sixteenth century, and the codices were still in Italy by the beginning of the seventeenth century. We know this because of the signatures of three censors that are found in the codices: Luigi da Bologna, 1599, in the New York manuscript; Camillo Jagel, 1611, in the Moscow manuscript; and Domenico Carreto, 1616, in the Oxford manuscript.[8]

---

[6] See the JTS library catalogue at https://primo-tc-na01.hosted.exlibrisgroup.com/permalink/f/1jhdiph/JTS_ALEPH000071102 [accessed 21 March 2022].

[7] It is the chapter titled *Maḥberet ha-Meshalim*, in which the protagonist—Ḥever ha-Qeni—tests his 50 students by asking each of them to recite an epigram; see ch. 44 in Yahalom and Katsumata's edition (2010, 301–9).

[8] Beginning in the second half of the sixteenth century, the Counter-Reformation promoted the censorship and expurgation of Hebrew manuscripts and books to control the dissemination of Jewish knowledge

Apart from the manuscript tradition, the work *Sefer ha-Pardes* survives in an edition printed in Constantinople. This edition lacks a colophon, so the name of the printer and the exact date of publication are unknown. According to scholars of sixteenth-century Hebrew printed works, it must have been produced between 1514 and 1520, precisely when the work was enjoying popularity in Italy (Yaari 1967, 82). Several printers have been identified working in Constantinople around the suggested time of publication, such as the famous printing house of the Naḥmias family with Samuel Naḥmias, or Astruc ben Jacob De-Tolon, Samuel Riqamin, and Mosheh ben Samuel Fisilini, but since there is no colophon, it is difficult to determine who printed it.

In any case, when *Sefer ha-Pardes* reached the capital of the Ottoman Empire, it was at a time when several prominent figures of the Sephardic tradition were also being published there: Maimonides, Naḥmanides, and Jacob ben Asher. We can hypothesise that one of the many Jews expelled from the Iberian Peninsula brought the work to Constantinople, after Sultan Bayazid II offered refuge to the Jews. It might also be argued that one of the printers on their way to Constantinople, maybe even one of the members of the Naḥmias family, became acquainted with the newfound popularity of the work during their alleged stop in Italy—or possibly on another trip there—and decided to print it. It is also possible that someone else in the city commissioned the

---

at odds with Catholic principles. The scholarly research on this phenomenon is vast; for an overview, see Hacker and Shear (2011).

work's printing: if that is the case, the questions of who might have done it and why remain unanswered.

What is certain is that some centuries later, Leopold Dukes gave the work more attention. In 1853, he reproduced and annotated the last section of ch. 4—on eloquent language and poetry—in an anthology of medieval poems and writings about poetry (Dukes 1853, 21–23). A bit later, he himself copied the rest of the sections of this chapter in the Hebrew journal *Ha-Levanon*. This journal was published in Jerusalem, Paris, Mainz, and London between 1863 and 1886, and the sections of *Sefer ha-Pardes* appeared in non-consecutive issues from the year 1868, in the literary supplement of the journal called *Kevod ha-Levanon* 'The Honour of *Ha-Levanon*'.[9] The journal's motto was "to publish, inform and set out everything a Jew should know to be a Jew and a member of human society," and it is not surprising that in a nineteenth-century Ashkenazi context, in the midst of a movement to promote Jewish national sentiment and encourage the progressive use of the Hebrew language, the editors of a journal whose goal was to disseminate news about Jewish international affairs decided to include fragments of literary works written in Sepharad.[10]

---

[9] See issues 24, 30, 32, 39, and 42 of the year 1868. The journal is available via the website of the National Library of Israel in collaboration with the Tel-Aviv University at https://www.nli.org.il/he/newspapers/hlb [accessed 21 March 2022]. For more information on this journal, see Gilboa (1986, 186–95).

[10] On the relationship between the *Wissenschaft des Judentums* movement and the medieval Jewish culture of Sepharad, see the classical

Furthermore, at the end of the nineteenth century, around the time of the *Ha-Levanon* publication, we find the work *Sefer ha-Pardes* in the third volume of the collection *ʾOṣar ha-Sifrut*, reproduced by Joseph Luzzatto and published in Krakow in 1889–1890.[11] This publication includes two appendices that provide discussions on different aspects of the work. The first appendix deals with the year of printing of the Constantinople edition—1515, 1516, 1517?—and refers to studies on the work by nineteenth-century scholars, such as Amadeus Peyron, Leopold Dukes, Moritz Steinschneider, and Isaac Ben Jacob, highlighting again the Ashkenazi interest in medieval Sephardic works. The second appendix focuses on the journal *Ha-Levanon* and on the differences in the order of chapters and some of the content in comparison with the version in *ʾOṣar ha-Sifrut*.

These differences bring me to the analysis of the two families of witnesses that transmit the work *Sefer ha-Pardes*. Even though they might have been produced just a few years apart, the three manuscripts copied in Italy in the sixteenth century contain a different distribution of chapters than that found in the Constantinople printed edition. The manuscript tradition offers a prologue and four chapters, with the fourth divided into seven sections. The *Ha-Levanon* publication, though partial, follows the division of ch. 4 into sections. On the other hand, the version in *ʾOṣar ha-Sifrut* follows the Constantinople printed edition, which has a prologue and eight chapters: an entire chapter—the second

---

study by Schorsch (1989), and more recent publications by Skolnik (2014) and Efron (2016).
[11] Graber (1889–1990, III:1–18 of section *ʾorot me-ʾofel*).

one—and some sections of ch. 4 from the manuscript tradition are absent, whereas other sections of ch. 4 are treated as independent chapters.[12]

Despite these differences, the question remains: what is this Provençal *Sefer ha-Pardes* that aroused so much interest among sixteenth-century Italian Jews, Sephardic Jews in Constantinople, as well as among the nineteenth-century Ashkenazi intelligentsia?

2.0. Didacticism: What to Know and How to Feel about It

Sefer ha-Pardes is a surprisingly short and apparently simple treatise consisting of a compilation of epigrams, analogies, and wisdom sayings, each preceded by the phrase ואמר *we-ʾamar* 'and he said', which serves both to introduce and to separate the items. From the information in the prologue, we may infer that the work was written when Jedaiah ha-Penini was quite young, and the concluding paragraph of the work suggests that the author was 17 years old, making the probable date of composition around 1290.

In what is a common *topos* in the introductions to wisdom works in Iberia and Provence, a friend asks the author to undertake the project. Jedaiah acknowledges that it is a difficult commission, since this friend wants a brief work on ethics, and says that he will try to offer new content, without copying what he

---

[12] On the distribution and content of chapters in the two families of textual witnesses, see the next section.

has read in ancient books. He then explains the method for writing the work: that the language be beautiful, so the epigrams will be enjoyable; that the sayings be short and concise, so they will be easy to memorise; and that the content be clear, so it will be comprehensible for those who listen to it. He goes on to explain why he has given the compilation the title *Sefer ha-Pardes*: a פרדס *pardes* is an orchard in which one simply takes a walk and does not benefit from planting anything there, since it is considered smaller than a proper garden, a גן *gan*. So, through his composition, he wants to demonstrate that even a small orchard—i.e., his short book—can enclose wonderful trees, i.e., great knowledge.

The book is divided into four chapters. In ch. 1, 'On the worship of God and piety', Jedaiah focuses on the importance of faith and ethical principles, the necessity of seeking the company of wise men, and the virtues of pious people in contrast with the vices of fools. Ch. 2, 'On friends and enemies', offers advice on friendship, keeping secrets, trust, treason, and betrayal; and on the despicable acts of false friends and how to identify and avoid them. Ch. 3, 'On isolation from this world and the mention of the *meshalim* about its hostility', is longer than the others because it includes *meshalim* or *exempla* that present ethical lessons in a simple narrative, usually through analogies. These short stories deal with the vanity of this world, the benefits of avoiding any contact with worldly vices, and fate and destiny. Ch. 4, whose content is more secular in contrast to the previous chapters' intimate and religious tone, is called 'On the study and the division of the sciences that a man will need after piety and the worship of God'. Its content is divided into seven sections: on the value of wisdom and the order of study; on the science of medicine; on judging; on the technique of logic; on sophism; on the remaining sciences; and on eloquent language and poetry.[13]

Contrasting with this structure of the work, the second family of witnesses of *Sefer ha-Pardes*—the printed edition in Constantinople and the *'Oṣar ha-Sifrut* publication—presents a slightly different distribution: they do not include either ch. 2, on friends and enemies, or the section on medicine from ch. 4. Instead, they offer the prologue and eight chapters: on distancing oneself from this world; on worshiping God; on the study and the division of sciences; on judging and the behaviour of judges; on logic; on sophism; on astronomy; and on poetry. Therefore, and since we do not find that distribution of the content in any of the surviving manuscripts, we can infer that there was a conscious editorial intent on the part of the printers of the Constantinople edition to select and restructure the transmitted text.

However, and despite the arrangement and content of the two families of witnesses, it is worth mentioning that one cannot really learn anything practical from the work. The friend Jedaiah mentions in the prologue wants a short work on ethics, and that is what he writes. As can be noted in the edition and translation

---

[13] This last section, since it deals with the status of poets in society and the role of poetry in spreading ideas and strengthening faith, has received recent scholarly attention. See, for example, Schirmann and Fleischer (1997, 502–4), or Tobi (2012, 224–25). Furthermore, a reproduction of the section can be found in Vizan (2016, 123–25).

included in this publication, the epigrams are sentences on different topics, but they do not have any practical content: one does not learn how to worship God by reading the chapter on the service of God; one does not learn how to practice medicine by reading the section on medicine; and one cannot become a good poet by reading the section on poetry. And that is what makes *Sefer ha-Pardes* unique: a compendium of common sayings that sometimes express contradictory viewpoints and feelings on a variety of religious topics, secular sciences, and their practitioners. In this sense, Jedaiah offers a pragmatic compilation of epigrams and stories that stresses the contingency of wisdom as well as its absolute value.

3.0. Wisdom Epigrams in Provence

The kinds of sayings we find in *Sefer ha-Pardes* are familiar to scholars of this genre. The work belongs to a Provençal tradition of compilations of short wisdom units—aphorisms, proverbs, epigrams—in Hebrew, in either prose or verse. For example, we have *Mivḥar ha-Peninim* 'A Selection of Pearls', translated by Judah ibn Tibbon from the original Arabic *Mukhtār al-Jawāhīr*, a non-extant work that is attributed to Shelomoh ibn Gabirol. It is a collection of 652 prose clauses on wisdom, friendship, and distancing oneself from this world and the love for the world to come. Joseph Qimḥi's work *Sheqel ha-Qodesh* 'The Holy Sheqel', in metre and rhyme, is drawn mostly—about 80 percent—from the content of *Mivḥar ha-Peninim*. A third work in this tradition is Yiṣḥaq ha-Qaṭan's *Mishle he-ʿArav* 'The Sayings of the Arabs', a work divided into 50 chapters with prose sections—both rhymed and unrhymed—as well as poems in the Andalusi style and numerous clusters of biblical verses. In addition, we have the *Musare ha-Filosofim* 'The Ethics of the Philosophers', attributed to Judah al-Ḥarizi, probably written when he was visiting Provence. He translated it from the ninth-century Arabic version *Kitāb Adab al-Falāsifa*. composed in Baghdad by Ḥunayn ibn Isḥāq, and there is also a thirteenth-century Castilian translation, *El Libro de los Buenos Proverbios* [The Book of Good Proverbs]. This work is a compilation of aphorisms on different topics attributed to Greek sages, where wisdom and its transmission are the focus. This same Judah al-Ḥarizi wrote a collection of 50 Hebrew *maqāmāt*, called *Sefer Taḥkemoni*, and one of them— *Maḥberet ha-Meshalim*—consists of a compilation of 50 epigrams.[14]

It would not be bizarre if Jedaiah ha-Penini attempted to summarise in his *Sefer ha-Pardes* Andalusi popular knowledge on different topics, religious and secular alike, in order to preserve it and transmit it at a time and place—the end of the thirteenth century in Provence—when that knowledge was in danger of being lost.[15] And Provence is indeed a very interesting case study

---

[14] This chapter appears bound with *Sefer ha-Pardes* in the JTS manuscript; see above, n. 7.

[15] For an analysis of the early fourteenth-century construction of local Jewish identity in Provence marked primarily by the Andalusian Jewish tradition, see Ben-Shalom (2017b). In particular, this scholar focuses on Jedaiah ha-Penini's ʾ*Igeret ha-Hitnaṣlut*, which he wrote in favour of rationalist philosophy. As part of his argument, Jedaiah offers an overview of the cultural history of Provençal Jewry, and highlights the importance of Iberian thought and scholars in that history.

of the impact of the Andalusi intellectual tradition on a non-Arabised Jewish community.[16] Until the mid-twelfth century, Jewish culture in Provence was characterised by the existence of communities devoted to the study of Torah, Talmud, and midrash that were known for their rabbinical exegesis. Provençal Jewry, unlike its Andalusi or northern Iberian counterparts, had not been exposed to the secular tradition and the rationalist philosophical approach that had developed in societies in contact with Arabic thought. However, some decades later, it had become a hub for the study of philosophy and other non-traditional disciplines, as a result of dynamic cultural interaction in the religious and secular spheres between this area and Iberia (Twersky 1968, 190–1).[17]

One factor that might explain this transformation is the arrival in Provence of a group of Jewish intellectuals from al-Andalus fleeing Almohad intolerance towards religious minorities. Among these newcomers, two families played a fundamental role in transforming Provençal Jewry.[18] The Tibbon family, with

---

[16] See, for example, Pearce (2017), where she explores the prestige of the Arabic language and the Andalusi Judaeo-Arabic tradition in Provence through a comprehensive analysis of Judah ibn Tibbon's ethical will to his son.

[17] Freudenthal (2009) calls this phenomenon 'transfert culturel'; and Ben-Shalom (2017a) speaks of a 'cultural renaissance' based on the phenomenon of translations from Arabic into Hebrew that took place in Provence.

[18] More information in Zinberg (1959), Iancu-Agou (1994), and Ben-Shalom (2009).

Judah ibn Tibbon (ca. 1120–1190) and his son Samuel ibn Tibbon (ca. 1165–1232), settled in Lunel and were active in the translation of works from Arabic into Hebrew.[19] The Qimḥi family, with Joseph Qimḥi (ca. 1105–1170) and his two sons Moses and David (ca. 1160–ca. 1235), settled in Narbonne and became famous for their grammatical, linguistic, and exegetical works.[20]

The arrival of these Andalusi intellectuals provided a model to local authors and brought about the development of innovative approaches, making Provence a centre of thought, science, and philosophy during the thirteenth and fourteenth centuries, with such authors as Anaṭoli ben Joseph, Yiṣḥaq ha-Sheniri, Yehosef ha-ʾEzovi, Abraham ha-Bedersi, Qalonimus ben Qalonimus, and Jedaiah ha-Penini, Abraham ha-Bedersi's son. Among Jedaiah's other works are a prayer with one thousand words that begin with the letter *mem*, titled *Baqashat ha-Memim* 'Poem of the *Mems*'; *ʾOhev Nashim*, a response to the misogynistic work *Minḥat Yehudah Śoneʾ ha-Nashim* by Judah ibn Shabbetai,

---

[19] Judah ibn Tibbon translated multiple philosophical works, such as Saʿadiah Gaʾon's *Sefer ha-ʾEmunot we-ha-Deʿot*, Ibn Gabirol's *Sefer Tiqun Midot ha-Nefesh*, and Baḥya ibn Paquda's *Sefer Ḥovot ha-Levavot*; wisdom literature, such as Ibn Gabirol's *Mivḥar ha-Peninim*; polemics, such as Judah ha-Levi's *Sefer ha-Kuzari*; and other grammatical works. Samuel ibn Tibbon was the Hebrew translator of Maimonides's *Moreh Nevukhim*.

[20] By Joseph Qimḥi, grammatical works such as *Sefer ha-Galui* and *Sefer ha-Zikaron*; biblical commentaries; a polemical work against Christians, *Sefer ha-Berit*; *piyyuṭim*; another translation of Ibn Paquda's *Sefer Ḥovot ha-Levavot* and a work in poetry, *Sheqel ha-Qodesh*. David Qimḥi, RaDaK, is known for his *Mikhlol* in two parts: a grammar of biblical Hebrew and a dictionary, *Sefer ha-Shorashim*.

in which he celebrates women and their virtues; and his more influential *Beḥinat ʿOlam*, a philosophical and ethical work written after the expulsion of Jews from France in 1306.

If we are to believe Jedaiah's statements, *Sefer ha-Pardes* must have been one of his first compositions, if not the first one. The significance of this fact is twofold. First, Jedaiah shows awareness of the Provençal compilations of wisdom material and writes a work that has precedents in the same genre. The authors of these compilations have clear-cut connections with the Andalusi tradition: Judah ibn Tibbon, Joseph Qimḥi, Yiṣḥaq ha-Qaṭan (the unknown author of *Mishle he-ʿArav*, who says he is translating from Arabic), and Judah al-Ḥarizi. In fact, Jedaiah says in the prologue that he will not reproduce what he has read in ancient books, by which he might mean Arabic books on wisdom in Hebrew translations, books that would have easily been at his disposal.[21] Secondly, writing his first work on Andalusi wisdom material would have been a prestigious endeavour to prove and

---

[21] Even though Jedaiah claims to have written the book using new sayings, it seems improbable that he does not base himself on the collections of epigrams that circulated widely in Provence. In fact, the concepts of originality, imitation, and plagiarism were understood differently in medieval Arabic and Hebrew literatures: reusing content in a different way and translating or adapting works from other languages were considered new projects. On this, see, for example, Von Grunebaum (1944) and Schippers (1994). However, and despite its interest, the use Jedaiah makes of his sources goes beyond the scope of the present monograph, whose goal is to offer an English translation of the work, a Hebrew edition of four sixteenth-century witnesses, and a brief contextualising study.

legitimise his worth as a writer and to link himself to the seemingly distant, but still highly respected, Judaeo-Arabic intellectual tradition.

In addition, despite Jedaiah's superficial explanation of the meanings of the terms *pardes* and *gan* to justify the title, he might be connecting his work with that Judaeo-Arabic tradition by the mere emphasis on the term *pardes* in the title and the symbolic imagery of a garden. In fact, as scholars of the Jewish Andalusi tradition have noted, the enclosed garden, or *hortus conclusus*, became a symbol of Andalusi culture.[22] This symbol was used contemporaneously with that culture, but also in later nostalgic recollections.[23] Furthermore, the term *pardes* might relate to Arabic secular learning and science in al-Andalus, in contrast to the term *gan*, which may have more religious and otherworldly connotations. This dichotomy was used for the first time by Dunash ben Lavraṭ, who introduced Arabic prosody—quantitative metre—into Hebrew in tenth-century al-Andalus. He wrote: "Let your paradise [*gan ʿeden*] be the Holy books, your orchard [*pardes*] the books of the Arabs."[24] This might explain why Jedaiah ha-Penini accommodated secular content in his work

---

[22] See, for example, Scheindlin (1986, 4), Brann (1991, 8), or Decter (2007, 24–25).

[23] Decter (2007, 24) says that "the garden remained a persistent symbol of the cosmopolitan culture that poets recognized as their own".

[24] The Hebrew verse reads: *ve-gan ʿednakh yehu sifre qedoshim / u-fardeskha yehu sifre ʿaravim*; see Allony (1945–1946, 93). See also Brann (2000, 446), Cole (2007, 9), and Pearce (2017, 107–8). Pearce (2017, 109) also analyses the trope of the garden as a library connected to the cultural production of al-Andalus.

and used the term *pardes* in the title of the whole compilation. Since Jedaiah's explanation on the difference between *gan* and *pardes* is quite strange, could he be using a rhetorical device for evoking and revisiting al-Andalus?

Even if this is the case, however, this association of the word *pardes* with Andalusi secular knowledge would have been lost in Italy in the sixteenth century, when the three manuscripts that preserve the work were produced. Many of the works that are copied or bound with this one in the codices are halakhic and Kabbalistic in nature. This can be explained by the fact that *pardes* is also one of the terms used in the Jewish tradition to refer to mystical material.[25] Furthermore, Rashi (1040–1105) wrote a halakhic work with the title *Sefer ha-Pardes* that enjoyed great popularity. These two facts would have prompted a learned reader in the sixteenth century to associate a work with such a title with either *halakhah* or Kabbalah, but not with *musar*, and less even with the Andalusi tradition.

4.0. Conclusion

Jedaiah might have been aware of the precarious situation of Andalusi knowledge in Provence and may have created his compilation *Sefer ha-Pardes* in order to preserve it. He took on the role of the preserver and transmitter of the Andalusi tradition,

---

[25] The origin of the use of the term *pardes* in relation to mysticism is to be found in the Babylonian Talmud, *Hagigah* 14b, in the story ʾarbaʿah nikhnesu be-fardes [Four entered the orchard] that tells that four sages entered the esoteric knowledge of the Torah and only one of them—Rabbi Akiva—emerged unharmed.

just as Judah ibn Tibbon had done 150 years before him, in an attempt to save it from oblivion.

And this role may not have been foreign to him: in fact, he was writing at a time when other Occitan authors, conscious of the passing of the golden age of troubadour lyrics in Provence, began to produce compilations of poetic treatises to preserve the legacy of the troubadours from the twelfth and thirteenth centuries and disseminate it throughout the Mediterranean, particularly in Catalonia and Sicily (Marshall 1972, xcvi–xcviii). It would not be surprising if Jedaiah ha-Penini knew of these Occitan treatises, since one of those thirteenth-century poets, Raimon Vidal de Besalú, wrote in his work *Razós de Trobar* 'Guidelines for Troubadour Composition' that the Occitan lyric verse was popular among all peoples, including Jews and Muslims (Marshall 1972, 2–3).

In any case, and even though there is an established tradition of Hebrew compilations of wisdom epigrams in Provence with links to the Andalusi lore, *Sefer ha-Pardes* illustrates the need to situate Hebrew writing in a non-Hebrew cultural context rather than considering it in isolation.

PARALLEL TEXT

English Translation and Hebrew Critical Edition

The Hebrew critical edition is based on the following four sixteenth-century witnesses of the work:

א - MS Michael 536, Bodleian Library, Oxford.

מ - MS Guenzburg 315, Russian State Library, Moscow.

נ - MS 2131, Jewish Theological Seminary, New York.

ק - Printed edition, Constantinople.

Rules followed in the edition:

- The version in א is used as the base manuscript. It is complemented by content that appears only in other witnesses. The folios of manuscript א are given in square brackets throughout the text.
- The upper critical apparatus identifies key biblical quotations. The lower critical apparatus points out textual discrepancies between the witnesses, but differences in the arrangement of the epigrams, as happens in a few cases in נ and ק, are not noted.
- Abbreviated words, usually plural forms, are given in full. In cases where there is further interpolation, the interpolated text is added in square brackets. When the interpolation comes from another witness, the source is given in the apparatus preceded by מ' (= מופיע ב 'appears in').

 https://doi.org/10.11647/OBP.0299.02

- Minimal punctuation—comma, full stop, colon, semicolon, question, exclamation marks, and quotation marks—is used, following Modern Hebrew conventions.
- Orthographical variants due to *plene*/defective spelling are not noted: the edition offers the spelling of the base manuscript א. Vocalisation of the text respects the version in א, which in a few instances poses a clash between the rules of vocalisation and the spelling of the base manuscript.
- Most epigrams and *meshalim* are introduced by the expression ואמר: the different realisations of this introductory phrase—אמר, ואמרו, אמרו, אמר עוד, ואמר עוד—are not noted.
- Additions of words/phrases are noted in the apparatus; omissions of words/phrases are also noted in the apparatus preceded by ח' (= חסר ב ‘missing in’).
- In several occasions, the reading of a witness different from the base manuscript is preferable and included in the edition in square brackets, and the source and other realisations are given in the apparatus.

Regarding the English translation—it includes footnotes that give additional information on sources, biblical characters and passages, and secondary bibliography. Furthermore, a few footnotes offer brief discussions on editorial problems and decisions.

THE BOOK OF THE ORCHARD

Jedaiah ha-Penini said: It happened in the days of youth, when my friends and I were having a good time reciting sayings on moral attributes and praising the science of *musar*, that one of my close and beloved friends urged me to compose for him a short treatise on moral themes: something that would suffice any human being in order to behave properly with his fellow men and with himself.[1] He forced me to undertake his request, so I wrote him a treatise that I titled 'The Book of the Orchard', and here I begin it.

My friend, you requested from me a [written] memorial of universal principles on human moral attributes regarding the suitable way for a man to put them into practice in dealings with himself, his time, and his neighbours, and you asked me to make this memorial pleasant and general. But though your wish compelled me, I realised that if I quoted everything [said by] the ancients in the myriad books that they have composed, I would not only fail to help you, but would certainly harm you, for their books and their style are worthier of you than my own

---

[1] The Hebrew genre of *musar* deals with ethical and moral traits and behaviour. However, in many medieval Jewish writings, *musar* is a loan-translation of the Arabic concept of *adab*—i.e., general knowledge on different topics that every educated man should have. In fact, medieval Jewish authors sometimes seem to play with both connotations of *musar* in their writings. See, for example, Septimus (1982, 17), Tanenbaum (2003, 304–5, 317), and Torollo (2021b, 43–45).

[א100] סֵפֶר הַפַּרְדֵּס

אָמַר יְדַעְיָה הַפְּנִינִי: בִּהְיוֹתֵנוּ בִּימֵי הַנְּעוּרִים עִם קְצָת הַחֲבֵרִים מִתְעַלְּסִים בְּסִפּוּר מַאֲמָרִים כּוֹלְלִים בְּמִדּוֹת וּמְשַׁבְּחִים חָכְמַת הַמּוּסָר, פָּצַר בִּי אֶחָד מֵרֵיעַי מֵאוֹהֲבַי וּמְיוּדָּעַי לְחַבֵּר לוֹ מַאֲמָר קָצָר בְּעִנְיְינֵי הַמִּדּוֹת, מַה שֶׁיַּסְפִּיק בּוֹ לָאָדָם מֵעִנְיְינֵי הַנְהָגָתוֹ כּוּלָּם עִם זוּלָתוֹ וְעִם עַצְמוֹ, וַיְאַלְּצֵנִי לְהָפִיק מִשְׁאָלוֹ, וְכָתַבְתִּי לוֹ מַאֲמָר קְרָאתִיו סֵפֶר הַפַּרְדֵּס, וְזֶה תְּחִלָּת[וֹ].

בִּקַּשְׁתָּ אָחִינוּ מֵאִתָּנוּ זִכְרוֹן הַנְהָגָה כְּלָלִית בְּמִדּוֹת הָאֱנוֹשִׁיּוֹת בַּדְּרָכִים אֲשֶׁר יָאוּת שִׁמּוּשָׁם לְעֵסֶק הָאֱנוֹשׁ עִם נַפְשׁוֹ וְעִם זְמַנּוֹ וְעִם שְׁכֵנָיו, וְשָׁאַלְתָּ שֶׁאַנְעִים הַדִּבּוּר בַּזִּכָּרוֹן הַזֶּה וְשֶׁאֲשִׂימֵהוּ כּוֹלֵל. וַאֲנִי כַּאֲשֶׁר אִלְּצַנִי חֶפְצְךָ רָאִיתִי שֶׁאִם אֶזְכּוֹר מַה שֶּׁרָאִיתִי לַקַּדְמוֹנִים בְּרוֹב סִפְרֵיהֶם הַמְּחוּבָּרִים לֹא דַּי שֶׁלֹּא הָיִיתִי מוֹעִילְךָ אֲבָל הָיִיתִי מַזִּיקְךָ בְּלִי סָפֵק כִּי סִפְרֵיהֶם וּלְשׁוֹנוֹתָם יוֹתֵר רְאוּיִים אֵלֶי[ךָ] מִסְּפָרַי וּלְשׁוֹנִי, וְאִי אֶפְשָׁר מִבְּלִי הַחְטָאַת כַּוָּנָה מֵהֶם בְּהַעְתָּקַת דִּבְרֵיהֶם. אִם כֵּן מָצָאתִי נַפְשִׁי מְחוּיֶּבֶת

---

1 סֵפֶר הַפַּרְדֵּס] ספר הפרדס חברו החכם הפילוסוף רבי ידעיה הפניני ע"ה בן החכם השלם המשורר ר' אברהם זצ"ל **נ**, ספר הפרדס במליצת השיר והמוסר וההנהגה הטובה והישרה הנכונה להה"ר ר' ידעיה הבדרשי ז"ל **ק** **2** אָמַר...הַפְּנִינִי] ח' **נק** **3** בְּסִפּוּר מַאֲמָרִים] בספורי המאמרים **ק** **4** מֵרֵיעַי...וּמְיוּדָּעַי] מדעי ומאוהבי **נק** **5** בּוֹ] לו **נ** | מֵעִנְיְינֵי] בעניני **נק** **7** תְּחִלָּתוֹ] מ' **נק**, תחלת **אמ** **9** יָאוּת] אות **ק** | הָאֱנוֹשׁ] האנושי **ק** **10** וְעִם זְמַנּוֹ] ח' **ק** וְשָׁאַלְתָּ...11 כּוֹלֵל] ח' **נ** **12** הַמְּחוּבָּרִים...13 אֲבָל] ח' **נ** **14** אֵלֶיךָ] מ' **ק**, אלי **א**, אליו **מנ** מִבְּלִי] מבלתי **נ** | הַחְטָאַת...15 דִּבְרֵיהֶם] חטא כונת דבריהם **ק**

book and style; and in transmitting[2] their words it is impossible not to [sometimes] miss their intention. Despite this, I found my soul committed to undertake your request due to your eminence, but it is impossible to do this without providing new ideas and opinions that are not found among the ancients, and this is something that is very hard to produce. These things cannot be produced and perfected unless three conditions [are met]:

The first condition: the elegance of the language that will be used in expressing the content.[3] The need underlying this condition is that the moral content must be sweet and enjoyable, so people continue learning it excellently and diligently.

The second condition: universality and conciseness of language on the most desired characteristics of [proper] behaviour. This condition is necessary because it will facilitate the preservation of sayings and expedite their memorisation, until people's mouths are familiar with them and harvest them for the great value that they contain.

The third condition: that the author of *musar* ought to be clear in his formulations while keeping them general, so the content is understood by listeners through a willing understanding without the need for extreme seclusion or discussion among

---

[2] It may also mean 'translating'.

[3] The expression *ṣaḥut ha-lashon* or *ṣaḥut ha-milot* 'elegance of language' is a Hebrew translation of the attributes Arabs ascribed to the Arabic language in the Qurʾān, which became a model for imitation, *faṣāḥa* and *balāgha* 'eloquence and stylistic beauty'. See, for example, Tobi (2004, 418) and Brann (2012, 445).

לְהָפִיק מִשְּׁאֶלְךָ מִצַּד כְּבוֹדְךָ, וְאִי אֶפְשָׁר לָהּ מִבִּלְתִּי הַמְצָאַת עִנְיָנִים וְדֵעוֹת מְחוּדָּשִׁים לֹא יִמְצְאוּ לַקּוֹדְמִים, וְיִהְיֶה זֶה מִמָּה שֶׁתִּקְשֶׁה הַמְצָאָתוֹ. הָעִנְיָנִים הָאֵלֶּה לֹא יִמְצְאוּ וְיִשְׁלְמוּ כִּי אִם בִּשְׁלֹשָׁה תְּנָאִים:

הַתְּנַאי הָרִאשׁוֹן: צַחוּת הַמִּלּוֹת אֲשֶׁר יְדוּבַּר בָּהֶם בְּמוּבָא מִן הַכַּוָּנוֹת. וְהַצּוֹרֶךְ לִתְנַאי זֶה שֶׁיֵּעָרְבוּ הָעִנְיָנִים הַמְכוּוָּנִים בְּמוּסָר וְיִמְתְּקוּ, וְיִהְיֶה הֶמְשֵׁךְ הָאֲנָשִׁים לְהִתְלַמְּדוּתָם יוֹתֵר עָצוּם וְיוֹתֵר מַתְמִיד.

הַתְּנַאי הַשֵּׁנִי: כְּלָלוּת הַמִּלּוֹת וְהַקָּפַת יְחִידוּת מַה עַל מְבוּקָּשׁ גָּדוֹל מֵאוֹפְנֵי הַהַנְהָגָה. וְהַצּוֹרֶךְ אֶל זֶה הַתְּנַאי שֶׁתֵּקַל שְׁמִירַת הַמַּאֲמָרִים וְיַעֲמוֹד הַזִּכָּרוֹן בִּמְהֵרָה עַד שֶׁיּוּרְגְּלוּ בִּשְׂפַת הָאֲנָשִׁים לִקְצוֹרָם עִם הֱיוֹת הַתּוֹעֶלֶת הַכְּלוּלָה בָּהֶם גְּדוֹלָה.

הַתְּנַאי הַשְּׁלִישִׁי: שֶׁיִּהְיֶה הַמְחַבֵּר בְּמוּסָר יַכְוִין בְּמַאֲמָרָיו עִם כְּלָלוּתָם, שֶׁיִּהְיוּ עִנְיָנִים מוּבָנִים לַשּׁוֹמְעִים בְּהַשְׁקָפָה שָׁוָה מִבְּלִי

16 לָהּ] לנו **ג** | מִבִּלְתִּי] מבלי **ק** **17** לַקּוֹדְמִים] לקדמונים **ג** | מִמָּה] מה **ק** **18** הָעִנְיָנִים הָאֵלֶּה] כי הענינים האלה **ג**, כי הענינים **ק** | יִמְצְאוּ וְיִשְׁלְמוּ] ישלמו **נק** **20** בְּמוּבָא] בכונה **ג**, במובן **ק** **21** הָעִנְיָנִים] התנאים **ק** **22** הָאֲנָשִׁים] ח' **ק** **24** כְּלָלוּת] כוללות **נק** | וְהַקָּפַת] והקשת **ק** | מַה] מהם **ג**, בהם **ק** **25** הַתְּנַאי] ח' **ק** **26** וְיַעֲמוֹד] ויעמד עליהם **נק** **27** לִקְצוֹרָם] לקצור **ק** **28** בְּמַאֲמָרָיו] במאמרו **ג** **29** עִנְיָנִים] ח' **ק**

people, lest they get it wrong.[4] The need underlying this condition is that [in this way] people will adopt the proper behaviour, increasing their learning through the sayings, and [avoiding] the harm of incorrect understanding.

As long as [these conditions] are met, the difficulty in providing this content will be overcome.

Therefore, after your pleas implored and pressed me to work diligently in the execution of your request, I composed for you a few things and named the compilation 'The Book of the Orchard'. The reason for such a title is that an orchard is smaller than a garden, and its owner uses it just for taking a walk, without profiting from it or its seedlings.

Thereby, I planted in this orchard good trees and precious scents, to waken *my friends*[5] standing in Bethel.[6] *A royal decree came forth from me,*[7] inasmuch as the days urged me *and the nights admonished me;*[8] *it reached my mouth and I*

---

[4] Literally: and their confusion in their understanding.

[5] 2 Sam. 20.19.

[6] Bethel is one of the most common toponyms in the Hebrew Bible. It is the site of the famous dream of Jacob in Gen. 28, where he dreams of a ladder connecting heaven and earth and where God, at the top of the ladder, promises him the land of Canaan. The author is, in a sense, asking for the protection of God, as in Gen. 28.15, where God promises Jacob protection.

[7] Est. 1.19.

[8] Ps. 16.7. Here, the author seems to be advancing one of the dichotomies of the book, and of ethical literature in general: this world versus the world to come. In this sense, the days that wake him up are the worldly pleasures that he admonishes against in ch. 3, while nights

שֶׁיִּצְטָרֵךְ לָזֶה הִתְבּוֹדְדוּת מוּפְלָא [וְוִכּוּחַ] הָאֲנָשִׁים וּבִלְבּוּלָם בַּהֲבָנָתָם. וְהַצּוֹרֵךְ אֶל זֶה הַתְּנַאי מְבוֹאָר בַּעֲבוּר שֶׁיּוּקְבְּלוּ הַהַנְהָגוֹת וְתִרְבֶּה הִתְלַמְּדוּת מֵהָאֲנָשִׁים בָּהֶם וּבִלְבּוּלָם מְבוֹאָר הַהֶזֵּק בַּהֲבָנָתָם.

וְכַאֲשֶׁר הָיָה הָעִנְיָן, כֵּן קֹשִׁי הַמְּצָאַת הָעִנְיָנִים הָאֵלֶּה כִּמְבוֹאָר.

אָמְנָם אַחֲרֵי הִפְצִירוּנִי תַּחֲנוּנֶיךָ וּלְחַצְתַּנִי לִשְׁקוֹד בְּהַמְצִיא שְׁאֵלָתְךָ, וְחָבַרְתִּי לְךָ מְעַט דְּבָרִים, קָרָאתִי שֵׁם כְּלָלוּתָם סֵפֶר הַפַּרְדֵּס. וְסִבַּת הִקָּרְאוֹ בַּתּוֹאַר הַזֶּה כִּי הַפַּרְדֵּס קָטוֹן מֵהַכִּיל לְעוֹלָם מִן הַגַּן, וְיִטְעֵהוּ בְּעָלָיו לְטִיּוּל לְבַד, לֹא לְהַרְוִיחַ מִמֶּנּוּ וּמִנְּטָעָיו.

וְכֵן נָטַעְתִּי הַפַּרְדֵּס הַזֶּה מִן הָאִילָנוֹת הַטּוֹבִים וְהַבְּשָׂמִים הַיְּקָרִים, וּלְעוֹרֵר כָּל שְׁלוֹמֵי אֱמוּנֵי שֶׁעוֹמְדִים בְּבֵית אֵל. יָצָא דְּבַר מַלְכוּת מִלְּפָנַי, מֵאֲשֶׁר הַיָּמִים יְעִירוּנִי אַף לֵילוֹת יִסְּרוּנִי, וַיַּגַּע עַל פִּי

42 שְׁלוֹמֵי אֱמוּנֵי] ש"ב כ יט | יָצָא...43 מִלְּפָנַי] אס' א יט **43** אַף...יִסְּרוּנִי] תה' טז ז וַיַּגַּע...44 וַיֹּאמֶר] יש' ו ז

30 וְוִכּוּחַ] מ' **נק**, ויברחו **אמ** **31** זֶה] ח' **ק** | בַּעֲבוּר] ח' **ק** | שֶׁיּוּקְבְּלוּ] שיקובלו **מנק** **32** מֵהָאֲנָשִׁים] האנשים **נק** | וּבִלְבּוּלָם...33 בַּהֲבָנָתָם] ח' **נק** **34** קֹשִׁי] קושי **ק** | הַמְּצָאַת] ח' **ק** **35** כִּמְבוֹאָר] מבואר **נק** **36** וּלְחַצְתַּנִי] נלחצתי **נק** | לִשְׁקוֹד] ח' **ק** **37** וְחָבַרְתִּי] חברתי **ק** | כְּלָלוּתָם] כלילותם **ק** **38** מֵהַכִּיל] ח' **נק** **39** וְיִטְעֵהוּ] ויעשהו **ק** | לְטִיּוּל] לטייל בהם **ב** **40** וּמִנְּטָעָיו] מנטעיו **ק** **41** הַטּוֹבִים] ח' **ק** **42** אֵל] יי **ק** **43** יִסְּרוּנִי] יסרוני והעתים ידינוני והמוצאות יבנוני ורוח הקנאה לבשה סרעפי **נק**

*said:*⁹ Let me sharpen myself, prepare to speak, ponder proverbs and select eloquent poetic phrases, respected *meshalim*,¹⁰ and delightful ethical sayings; *some balm, some honey, some nuts and almonds.*¹¹

---

are the ideal time to think on things other than worldly matters (as explained in the commentary to this verse by Abraham ibn Ezra). To overcome this feeling of guilt, the author needs divine intervention (see the following note).

⁹ Isa. 6.7. In this verse, one of the seraphim touches Isaiah, who claims to have unclean lips, in order to remove his iniquity and make his lips suitable for the divine mission: exactly what our author needs.

¹⁰ As a literary form, *mashal* (pl. *meshalim*) acquires different connotations according to place and time, and it could refer to a composition in verse or in prose. In this work, the author uses it in ch. 3 as a synonym of *exemplum* (pl. *exempla*): a brief narrative anecdote to put forward a moral idea, usually through analogies.

¹¹ Gen. 43.11. The author compares the fine book he writes for his friend to the best fruits that Jacob commands his sons to bring to Egypt in Gen. 43.

וַיֹּאמֶר: אֶשְׁתּוֹנֵן, וּלְדַבֵּר אֲכוֹנֵן, וּבְחִידוֹת אֶתְבּוֹנֵן, וְאֶבְחַר מְלִיצוֹת וְצַחֲיוֹת וּמְשָׁלִים נִכְבָּדִים וּמוּסָרִים חֲמוּדִים, מְעַט צֳרִי, מְעַט דְּבַשׁ, מְעַט בָּטְנִים וּשְׁקֵדִים.

---

45 מְעַט[1]...46 וּשְׁקֵדִים] בר' מג יא

---

44 וַיֹּאמֶר] ואמר ג, ואומר ק **45** מְעַט[2]] ומעט ק **46** מְעַט] ח' ק

Chapter on the Worship of God and Piety

Jedaiah ha-Penini said: my brother, faith is the thing that provides the firmest foundation; by learning faith and religion you will serve the Creator; by learning *musar*, human beings will serve you; gather wealth, even in old age, lest you need [the help of] others; distance [yourself from] the company of worthless men, because it will cost you virtues and status; if you cannot provide money to the poor, enlarge your gestures towards them; be careful not to be found by those who look for you whenever they want; by pursuing the advice of sages, many bits of sound counsel will come to you; do not persist in the trait of tediousness, lest people find you revolting; [and acknowledge the truth quickly, lest you be embarrassed by delaying it].

And he said: it is good to be in the company of your neighbour as long as that does not cause you enormous damage or shame; and when Destiny or the daily vicissitudes fall on you, do not try to outsmart them, [just] learn *musar*.

And he said: do not let the arrogance of despicable people upset you, since nature forces them to be like that, and the clearest case of a lost battle is fighting against nature.

And he said: One wise man was asked: "Why are you sad?" And he replied: "Destiny is vile and I am one of its companions."

[ב100] שַׁעַר בַּעֲבוֹדַת הַבּוֹרֵא וּבַחֲסִידוּת

אָמַר יְדַעְיָה הַפְּנִינִי: אָחִי, הָאֱמוּנָה רֹאשׁ הַדְּבָרִים הַמַּעֲמִידִים, לְמוֹד הָאֱמוּנָה וְהַדָּת תַּעֲבוֹד הַבּוֹרֵא, לְמוֹד הַמּוּסָר יַעַבְדוּךָ בְּנֵי אָדָם, וּכְנוֹס הָעוֹשֶׁר וַאֲפִי[לוּ] בְּעֵת הַזִּקְנָה פֶּן תִּצְטָרֵךְ לְזוּלָתְךָ, וּלְהַרְחִיק חֶבְרַת הַפְּחוּתִים כִּי הִיא תַּפְסִידְךָ הַמַּעֲלָה וְהָעֵרֶךְ, וְאִם לֹא תוּכַל לְהַעֲנִיק כַּסְפְּךָ לַדַּלִּים הַרְחֵב לָהֶם רְמִיזוֹתֶיךָ, וְהִשָּׁמֵר שֶׁלֹּא יִמְצָאוּךָ מְבַקְשֶׁיךָ בְּכָל עֵת שֶׁיִּרְצוּ, וּבִרְדוֹף עֲצוֹת הַמַּשְׂכִּילִים יַגִּיעוּךָ הַרְבֵּה מִן הָעֵצוֹת הַנְּכוֹחוֹת, וְאַל תַּחֲזִיק בְּמִדַּת הַכְּבֵדוּת פֶּן תִּמָּאֵס, [וְהוֹדֶה בִּמְהֵרָה עַל הָאֱמֶת פֶּן תִּכָּלֵם בְּאַחֲרִית].

וְאָמַר: טוֹב שֶׁבֶת עִם שְׁכֵנֶיךָ מִבְּלִי שֶׁיַּשִּׂיגְךָ בַּעֲבוּרוֹ נֶזֶק עָצוּם אוֹ קָלוֹן, וּבִקְפוֹץ הַזְּמַן וְאֵימוֹת הַיָּמִים עָלֶיךָ וְלֹא תִּפְנֶה לְהִתְחַכֵּם: לְמוֹד הַמּוּסָר.

וְאָמַר: אַל תִּדְאַג בְּהִתְנַשֵּׂא הַשְּׁפָלִים כִּי הַטֶּבַע מְחַיֵּיב אוֹתוֹ וְהַמְבוֹאֶרֶת שֶׁבַּמִּלְחָמוֹת הַמְנוּצָּחוֹת הִלָּחֵם עִם הַטֶּבַע.

וְאָמַר: שָׁאֲלוּ לְמַשְׂכִּיל: מַדּוּעַ פָּנֶיךָ רָעִים? וְאָמַר: הַזְּמַן נָבָל [וַאֲנִי] מִבְּנֵי חֲבוּרָתוֹ.

---

47 וּבַחֲסִידוּת] ח' **ק** **48** אָחִי] אחי אחי **אמנ** | הָאֱמוּנָה] ח' **נק** | הַמַּעֲמִידִים] המעמדים **נ** **49** תַּעֲבוֹד] ותעבוד **מ**, עבוד **ק** | לְמוֹד[2]] ח' **ק** **50** אָדָם] האדם **נ** | וַאֲפִילוּ] מ' **מנ**, אפי **א**, אפילו **ק** **51** וּלְהַרְחִיק] והרחק **ק** | כִּי הִיא] שהיא **ק** **52** הַרְחֵב] הרחיב **נק** **53** עֲצוֹת] חברת **נק** **54** הַנְּכוֹחוֹת] הנכונות **ק** **55** וְהוֹדֶה...בְּאַחֲרִית] מ' **נק** **56** טוֹב שֶׁבֶת] בחר שבת במהרות בתמימות **נ**, בחר בתמימות **ק** **57** וּבִקְפוֹץ...58 הַמּוּסָר] ח' **ק** | וְלֹא] ואם לא **נ** **59** הַשְּׁפָלִים] הנבלים **נק** **60** וְהַמְבוֹאֶרֶת] והמבוארות **נ** | הִלָּחֵם] התלחם **נ**, ההלחם **ק** **62** וַאֲנִי] מ' **ק**, ואינני **נ**

And they said: the breath of the wicked on the pious is like the smoke that discolours the ornament walls of palaces.

And he said: when a pious man remembers his sin, he does not complain about the punishment.

And he said: if death and poverty had not been created, the rich would not worship the Creator.

And he said: the heart of a king is a high and eminent mountain; what will break it down if not the recollection of death?

And he said: the wise man derives happiness from living honourably, but he derives more happiness from dying with honour.

And he said: the wise man cannot flee from the decree of God even when he thinks he can save himself; then, however, he will be destroyed like the bird that flees from thunder on the day of disaster to the place where flames and wind will catch it.

And he said: every part of you is responsible for every other part in bringing you to failure.

And he said: you came from there [i.e., the celestial world], but you might not go back there [if you do not behave in a moral way in your lifetime]; [therefore] search your celestial origins, cleave unto the place where He is found, and [this will ensure] your return there.[12]

And he said: those killed by foolishness are more numerous than those revived by intelligence.

---

[12] This saying is quite concise and enigmatic: reading it in terms of Neoplatonic philosophy, in accordance with which the soul is to return to its divine source, makes the most sense.

וְאָמְרוּ: נְשִׁימַת הַנְּבָלִים אֶל הַחֲסִידִים כְּתִימוֹרוֹת [עָשָׁן] בְּמַשְׂכִּיּוֹת טִירוֹת הַמְּלָכִים.

וְאָמַר: כַּאֲשֶׁר יִזְכּוֹר הֶחָסִיד שֶׁחָטָא, לֹא יִתְרַעֵם עַל הָעוֹנֶשׁ.

וְאָמַר: אִם לֹא נִבְרְאוּ הַמָּוֶת וְהָרִישׁ, לֹא הָיוּ הָעֲשִׁירִים עוֹבְדִים הַבּוֹרֵא.

וְאָמַר: לֵב מְלָכִים הַר גָּבוֹהַּ וְתָלוּל, מִי יַעְתִּיקֶנּוּ זוּלָתִי זִכְרוֹן הַמָּוֶת?

וְאָמַר: יִשְׂמַח הַמַּשְׂכִּיל עַל חֲיוֹתוֹ נִכְבָּד וְיוֹתֵר עַל מוֹתוֹ בְּכָבוֹד.

וְאָמַר: אֵין בַּמַּשְׂכִּיל [יְכוֹלֶת] לְהִמָּלֵט מִן הַגְּזֵרָה כַּאֲשֶׁר יַחְשׁוֹב לְהִנָּצֵל, שָׁם אֲבָל יִפּוֹל שָׁדוּד כְּעוֹף הַבּוֹרֵחַ מִן הָרְעָמִים וּבְיוֹם הָרַעַשׁ וְנָס אֶל מָקוֹם אֲשֶׁר שָׁם הַלַּפִּידִים וְהָרוּחַ הִדְבִּיקַתְהוּ.

וְאָמַר: קְצָתְךָ עָרֵב עַל קְצָתְךָ לַהֲבִיאֲךָ אֶל מְקוֹם הַכִּשָּׁלוֹן.

וְאָמַר: הָיִיתָ מִשָּׁם וְאוּלַי לֹא תָּשׁוּב שָׁם, חֲקוֹר אֲשֶׁר יָצָאתָ מִשָּׁם וְהִדָּבֵק בַּאֲשֶׁר הוּא שָׁם וּבָאתָ שָׁם.

וְאָמַר: רַבִּים אֲשֶׁר הֵמִית הַסִּכְלוּת מֵאֲשֶׁר הֶחֱיָה הַשֵּׂכֶל.

---

63 נְשִׁימַת] נשיאות **ב** | עָשָׁן] מ' **נק** **66** הָעֲשִׁירִים] ח' **ק** **68** מְלָכִים] המלכים **ק** יַעְתִּיקֶנּוּ] יעתקנו **ב** **70** יִשְׂמַח] שמח **ק** | עַל חֲיוֹתוֹ] בחיותו **ק** | חֲיוֹתוֹ] היותו **ב** **72** יְכוֹלֶת] מ' **נק** **73** אֲבָל] ח' **נק** | כְּעוֹף] כעוף פורח **ק** | מִן הָרְעָמִים] מהרעמים **ב** **74** וּבְיוֹם הָרַעַשׁ] ח' **ק** | וְנָס] נס **ב** | מָקוֹם] המקום **נק** | וְהָרוּחַ] ח' **נק** | הִדְבִּיקַתְהוּ] הדביקוה **ב**, הדביקוהו ביום הרעש **ק** **75** וְאָמַר...77 שָׁם[2]] ח' **ק** **76** שָׁם] שמה **ב** | יָצָאתָ] באת **ב** **78** הַסִּכְלוּת] הכשלון **ק**

And he said: make yourself generous, lavish, and stingy: your generosity for the worthy poor, your stinginess for the worthless fools, and your lavishness [for yourself] to be rescued and protected from serious harm.

And he said: there are two things every man carries that he is unable to see in his whole life, but sees the likeness of which in others, and they are the face and the soul: he will see [his face in a mirror and will discern his soul as the work of God].

And he said: the quality and definition of the pious man is neither to help nor to harm an enemy, to forget the hatred towards the enemy when he comes to your house, and to have mercy on an inferior to you, for he might hate you until you have made yourself known; and thus the Creator, may He be blessed, forgives the evil ones, thanks to His goodness, and remembers those who have forgotten [Him], thanks to His mercy.

One generous man was asked: "who has spoken of you all over to make you known?" He replied: "my generosity." A sage was asked the same, and he replied: "my book." A fool was asked the same, and he replied: "my foolishness."

וְאָמַר: שִׂים נַפְשְׁךָ נָדִיב וּמְפַזֵּר וְכִילַי: נִדְבָתְךָ לַטּוֹבִים הָאוּמְלָלִים, וְכִילוּתְךָ לַנְּבָלִים הַפְּחוּתִים, וּפִזּוּרְךָ לְהַצָּלָה וּלְהִשָּׁמֵר מֵהֶזֵּק רַב.

וְאָמַר: שְׁנַיִם יִשָּׂאֵם הָאָדָם וְלֹא יִרְאֵם כָּל יָמָיו אָמְנָם יַבִּיט דְּמוּתָם בְּזוּלָתָם [וְהֵם] הַפָּנִים וְהַנֶּפֶשׁ: יַבִּיט פָּנָיו [בְּמַרְאֶה, וְיַכִּיר נַפְשׁוֹ בְּמַעֲשֵׂה הַבּוֹרֵא].

וְאָמַר: מַתְכּוֹנֶת הֶחָסִיד וּגְדֵרוֹ שֶׁלֹּא תּוֹעִיל לְאוֹיְבֶיךָ וְלֹא תַּזִּיקֵם, וְשֶׁתִּשְׁכַּח הָאֵיבָה לְשׂוֹנֵא בְּבוֹאוֹ אֶל בֵּיתְךָ, וְלַחְמוֹל עַל הַשָּׁפָל מִמְּךָ שֶׁיִּשְׁנָאֲךָ עָלֶיךָ עַד שֶׁנּוֹדַעְתָּ, וְכֵן הַבּוֹרֵא יִתְ[בָּרֵךְ] חוֹנֵן בְּטוּבוֹ הָרָעִים וְזוֹכֵר בְּחַסְדּוֹ מִי שֶׁשְּׁכָחוֹ.

שָׁאֲלוּ לְנָדִיב: מִי הִכְרִיז עָלֶיךָ עַד שֶׁנּוֹדַעְתָּ בַּקְּצָווֹת? אָמַר: נִדְבָתִי. וְשָׁאֲלוּ כֵּן לְחָכָם, אָמַר: סִפְרִי. וְשָׁאֲלוּ כֵּן לְנָבָל, אָמַר: סִכְלוּתִי.

79 נַפְשְׁךָ] לפשד **ק** | לַטּוֹבִים] לטובים לטובים **ב** **80** וְכִילוּתְךָ] וכילותיך **ק** | וּלְהִשָּׁמֵר] לשמור **ב** **83** בְּזוּלָתָם] ח' **ק** | וְהֵם] מ' **ב** | פָּנָיו בְּמַרְאֶה] במראה פניו **ק** | בְּמַרְאֶה...84 הַבּוֹרֵא] מ' **נק** | וְיַכִּיר] ומכיר **ק** **84** בְּמַעֲשֵׂה] מן מעשה **ק** **85** לְאוֹיְבֶיךָ] לאויבו **ק** **86** תַּזִּיקֵם] תזיקנו **נק** | לְשׂוֹנֵא] ח' **ק** | בֵּיתְךָ] בתיך **ק** | וְלַחְמוֹל...87 שֶׁנּוֹדַעְתָּ] ח' **ק** **87** יִתְבָּרֵךְ] ח' **נק** **88** חוֹנֵן] חנן **ק** **89** שָׁאֲלוּ לְנָדִיב] ואמר שאלו הנדיב **נק** | הִכְרִיז] הכריח **ב** | עַד] ח' **ק** | בַּקְּצָווֹת] בקצוות הארץ **נק** **90** נִדְבָתִי] נדבותי **נק** | וְשָׁאֲלוּ[1]] שאלו **נק** וְשָׁאֲלוּ[2]] שאלו **נק** **91** סִכְלוּתִי] כילותי **ב**, הכילות **ק**

He said: by means of two things guard yourself in the two worlds against criticism and blame: loving God in this world and loving the truth in the world to come.

And he said: a condition that binds us and the Creator, may He be blessed, is that we must love the truth in the world to come, and despite that, we should not expect grace or reward.

[And he said: when a wise man is enjoying a period of good fortune, he should not fritter it away, because he will not find it again so easily unless he observes law and religion.]

And he said: when a man is born, he cries, which is proof of the world of hardships he is coming into; and he dies as a jester winking his eyes, with legs crushed and pointing fingers, which is a sign of the torment of the hardships from which he has been released.

And he said: this world is fraud and deception; the wise man knows it and flees from it, while the naïve one wrestles with its sweetness and fails.

And he said: my brother, if your enemy is intelligent, protect yourself forcefully; [if he is] naïve, fear his words; [and if he is] pious, do not worry and try to make peace with him; because God exacts his revenge and takes away his reproach.

And he said: a grudge in the heart of pious men is like a bone [stuck] in the throat.

אָמַר: בִּשְׁתַּיִם הִשָּׁמֵר בִּשְׁנֵי הָעוֹלָמוֹת מִן הַתְּפִישָׂה [וְ]הַחִיּוּב: בְּאַהֲבַת אֲדוֹנֶיךָ בָּעוֹלָם הַשָּׁפָל וּבְאַהֲבַת הָאֱמֶת בָּעוֹלָם הָעֶלְיוֹן.

וְאָמַר: תְּנַאי מְחוּיָּב בֵּינֵינוּ וּבֵין הַבּוֹרֵא יִתְ[בָּרֵךְ] שֶׁנֹּאהַב הָאֱמֶת בָּעוֹלָם הָעֶלְיוֹן וְעִם כָּל זֶה לֹא נְקַוֶּה עָלָיו חֶסֶד וּגְמוּל.

[וְאָמַר: בִּהְיוֹת הַמַּשְׂכִּיל בְּיוֹם טוֹבָה לֹא יִסְלָחֵנוּ כִּי לֹא יִמְצָאֵנוּ תָּמִיד אָמְנָם עִם שְׁמִירַת הַמִּשְׁפָּט וְהַדָּת.]

וְאָמַר: הָאָדָם נוֹלָד וְהוּא בּוֹכֶה מוֹפֵת עַל עוֹלַם הַתְּלָאוֹת אֲשֶׁר הוּא בָּא עָלָיו, וְיָמוּת כִּמְצַחֵק קוֹרֵץ בְּעֵינָיו, מוֹלֵל בְּרַגְלָיו, מוֹרֶה בְּאֶצְבְּעוֹתָיו אוֹת עַל סֵבֶל [א101] הַתְּלָאוֹת אֲשֶׁר הֵקַלּוּ מֵעָלָיו.

וְאָמַר: הָעוֹלָם מְזוּיָּף וּמִרְמָה, הַמַּשְׂכִּיל מַכִּירוֹ וּבוֹרֵחַ מִמֶּנּוּ, וְהַפֶּתִי מִתְאַבֵּק בְּאַהֲבָתוֹ וְנִכְשָׁל.

וְאָמַר: אָחִי, בִּהְיוֹת אוֹיִבְךָ מַשְׂכִּיל הִשָּׁמֵר בְּכֹחַ, פֶּתִי יָרֵא מִלְּשׁוֹנוֹ, חָסִיד אַל תִּדְאַג אָכֵן שֶׁהִשְׁלִים עִמּוֹ, כִּי הָאֱלֹקִים נוֹקֵם נִקְמָתוֹ וְאוֹסֵף חֶרְפָּתוֹ.

וְאָמַר: הַנְּטִירָה בְּלֵב הַחֲסִידִים כְּמוֹ הָעֶצֶם בְּבֵית הַבְּלִיעָה.

---

92 בִּשְׁתַּיִם] בשנית **נ** | הִשָּׁמֵר] תשמר **נק** | הָעוֹלָמוֹת] עולמות **ק** | הַתְּפִישָׂה] התפיסה **ק** **93** וְהַחִיּוּב] מ' **נק**, החיוב **אמ** **95** וְאָמַר...96 וּגְמוּל] ח' **ק** | יִתְבָּרֵךְ] ח' **נ** **96** הָאֱמֶת] האמת להביאו **נ** | לֹא נְקַוֶּה] נקבל **נ** **97** וְאָמַר...98 וְהַדָּת] מ' **נ** **99** נוֹלַד] יולד **נק** הַתְּלָאוֹת] המהומות **נק** **100** עָלָיו] אליו **נק** | בְּרַגְלָיו...101 מוֹרֶה] ח' **ק** **101** בְּאֶצְבְּעוֹתָיו] באצבעות **נ** **103** מִמֶּנּוּ] ח' **נ** **104** וְהַפֶּתִי] הפתי **ק** | מִתְאַבֵּק] מתחבק **מ** **105** וְאָמַר... 107 חֶרְפָּתוֹ] ח' **נק**

And he said: the happiness of pious men resides in the days of winter, while the happiness of sages resides in their nights.[13]

And a sage asked his idiot neighbour: "Would you like me to teach you wisdom?" He replied: "What for?" He said: "So you can get to know the Creator through it and reject the body that you love [so much]." He replied: "If that is the case, I will not betray the body that I have nurtured until today."

And he said: do not be surprised that the pious are the objects of Destiny's enmity, because [for them] it is like a wasteland where only snakes live.

And he said: pious men are heroes who cut off the head of their desires with the sword of faith and the remembrance of the Creator.

And he said: my brother, put all your trust in the Creator of the world: if you ernestly hope for something, do not desire it, lest you put it away from you; if you cannot ignore obtaining that thing, do not desire it, lest it kill you; [if you have already obtained it, do not lust after it, lest you lose it]; and leave necessity to the grace of God: if it is His will that you should get that thing, [Destiny] will be unable [to block it from you; if it has

---

[13] 'Days of winter' may refer to days of old age, when worldly appetites die down, so pious men can devote themselves to piety without interruption or temptation. Sages, by contrast, reap the harvest of a life devoted to wisdom. Alternatively, the refererence may be to literal winter days: days are shorter, therefore pious men are less corrupted by wordly pleasures, and nights are longer, so sages can study things other than wordly matters (see commentary to Ps. 16.7 by Abraham ibn Ezra).

וְאָמַר: שִׂמְחַת הַחֲסִידִים יְמֵי הַחוֹרֶף וְהַחֲכָמִים שִׂמְחָתָם לֵילוֹתֵיהֶם.

וְאָמַר חָכָם לִכְסִיל שְׁכֵנוֹ: תַּחְפּוֹץ שֶׁאֲלַמֶּדְךָ חָכְמָה? אָמַר לוֹ: מַה מִשְׁפָּטָהּ? אָמַר: שֶׁתַּכִּיר מִתּוֹכָהּ הַבּוֹרֵא וְתִמְאַס הַגּוּף אֲשֶׁר אָהַבְתָּ. אָמַר: אִם כֵּן אֵינֶנִּי בּוֹגֵד בְּגוּפִי אֲשֶׁר גָּדַלְתִּי עַד הַיּוֹם.

וְאָמַר: אַל [תִּתְמַהּ] בִּהְיוֹת הַזְּמַן הַחֲסִידִים שְׂנוּאָיו כִּי אֶרֶץ צִיָּה לֹא יִחְיוּ בָהּ זוּלָתִי הַפְּתָנִים.

וְאָמַר: הַחֲסִידִים גִּבּוֹרִים [כּוֹרְתִים] רָאשֵׁי תַּאֲוָתָם בְּחֶרֶב הָאֱמוּנָה וְזִכְרוֹן הַבּוֹרֵא.

וְאָמַר: אָחִי, הַפְלֵיג הַבִּטָּחוֹן בְּבוֹרֵא הָעוֹלָם: וְאִם תְּקַוֶּה דָּבָר אֶחָד מְאֹד אַל תַּחְשְׁקֵהוּ פֶּן תַּרְחִיקֶנּוּ, וְאִם [לֹא] תּוּכַל לְהִתְעַלֵּם לְהַשִּׂיג הַדָּבָר אַל תַּחְשְׁקֵהוּ פֶּן יְמִיתְךָ, [וְאִם כְּבָר הִשַּׂגְתָּ הַדָּבָר, אַל תַּחְשְׁקֵהוּ פֶּן תַּפְסִידֵהוּ], אֲבָל עֲזוֹב הַצּוֹרֶךְ אֶל חֲסִידֵי אֱלֹקִים: אִם רְצוֹנוֹ שֶׁתַּשִּׂיג הַדָּבָר לֹא יוּכַל [הַזְּמַן לְמָנְעוֹ מִמְּךָ, וְאִם נִגְזְרָה מִמֶּנּוּ לִמְנוֹעַ מִמְּךָ הַדָּבָר, לֹא יוּכַל] חִשְׁקְךָ לַהֲבִיאוֹ, וְאִם חָנַן אוֹתְךָ

109 וְהַחֲכָמִים] וחכמים **ק** | שִׂמְחָתָם] ח' **נק** | שִׂמְחָתָם...110 לֵילוֹתֵיהֶם] לילותם שמחתם **ב** **111** חָכָם] החכם **ב** **112** מַה] הודיעני מה **נק** | וְתִמְאַס] והמאס **ק** **113** גָּדַלְתִּי] גדלתי עמו **נק** | עַד...114 הַיּוֹם] ח' **ק** **115** וְאָמַר...116 הַפְּתָנִים] ח' **נק** | תִּתְמַהּ] הזמן **אמ** **117** כּוֹרְתִים] מ' **נק**, סתרתי **אמ** **119** הַבִּטָּחוֹן...הָעוֹלָם] בבטחון הבורא **ק** **120** לֹא] מ' **ב** **121** וְאִם...122 תַּפְסִידֵהוּ] מ' **נק** **122** תַּחְשְׁקֵהוּ] תתאוהו **ק** | תַּפְסִידֵהוּ] הפסידנו **ק** עֲזוֹב] תעזוב **ב** | חֲסִידֵי] ח' **ב**, חסדי **ק** | אֱלֹקִים] האלהים **מק**, האלקים **ב** **123** הַזְּמַן...124 יוּכַל] מ' **נק** | נִגְזְרָה] גזרה **ק** **124** לַהֲבִיאוֹ] להצילו **ק** | וְאִם...125 לַהֲסִירוֹ] ח' **ק**

been decreed that you will not get the thing,] your desire [will be unable] to bring it to you; and if it has already been given to you, your boasting might remove it from you; so carry out your duties with agility and put your confidence in the Great Source.

הַדָּבָר יוּכַל הִתְפָּאֲרְךָ [בּוֹ] לַהֲסִירוֹ, אֲבָל תִּשְׁתַּדֵּל בְּעֵסֶק עִם הַזְּרִיזוּת וְשִׂים הַבִּטָּחוֹן הַשֹּׁרֶשׁ הַגָּדוֹל.

---

125 הִתְפָּאֲרְךָ] תפארתך **ג** | בּוֹ] מ' **ג**, כדי **אמ** | תִּשְׁתַּדֵּל] השתדל **נק** | בְּעֵסֶק] בענין העסק **ג** **126** הַשֹּׁרֶשׁ הַגָּדוֹל] שרש גדול **ג**

Chapter on Friends and Enemies

Jedaiah ha-Penini said: my brother, the beginning of success is the fall of enemies.

And he said: the impoverishment of your enemy is your vengeance, his death is your happiness; but it would be enough for you if an informer told him that you were taking revenge on his sons.

And he said: if your enemy dies, do not take revenge on his sons; take revenge on his counsellors.

And he said: since the wise man knows that if he loves he will be loved, and if he hates he will be hated, he chooses to love and be loved, whereas some bad-tempered people choose to hate and be hated.

And he said: loving mankind is [like] a tree that brings forth great benefit, while hating mankind is [like] the fury of the snake that chases [its prey] all over the world and spews a powerful venom that pierces shields and iron weapons.

And he said: he whose friends are gone and is alone, remains with his enemies, so [better for him] to make peace with them or flee.

And he said: when a friend betrays and his counsel is overturned, he is like the people of Israel after the death of Absalom.[14]

---

[14] This relates to the events of 2 Sam. 15–19, where Absalom, King David's third son, rebels against his father. One of David's greatest counsellors, Ahithophel, abandons him and joins Absalom. David's counsellor Hushai is sent to counter Ahithophel's advice. Absalom

שַׁעַר הָאוֹהֵב וְהָאוֹיֵב

אָמַר יְדַעְיָה הַפְּנִינִי: אָחִי, תְּחִלַּת הַהַצְלָחָה נְפִילַת הָאוֹיְבִים.

וְאָמַר: רֵישׁ הָאוֹיֵב נִקְמָתְךָ, מוֹתוֹ שִׂמְחָתְךָ, דַּי לְךָ לוּ הָיָה הוֹלֵךְ הַמַּגִּיד לְהוֹדִיעוֹ הָיִיתָ נוֹקֵם מִבָּנָיו.

וְאָמַר: מֵת אוֹיִבְךָ אַל תִּנְקֹם מִבָּנָיו, נְקוֹם מֵאַנְשֵׁי עֲצָתוֹ.

וְאָמַר: מֵאַחַר שֶׁיָּדַע הַמַּשְׂכִּיל שֶׁאִם יֹאהַב יֶאֱהַב וְאִם יִשְׂנָא יִשָּׂנֵא, יִבְחַר שֶׁיֹּאהַב וְיֶאֱהַב, וְכַמָּה מֵרֵעֵי הַמֶּזֶג יִבְחֲרוּ שֶׁיִּשְׂנְאוּ וְיוּשְׂנְאוּ.

וְאָמַר: אַהֲבַת הַבְּרִיּוֹת אִילָן [יָצִיץ] הַתּוֹעֶלֶת הַגְּדוֹלָה, וְשִׂנְאָתָן כַּעַס הַפֶּתֶן יִרְדּוֹף מִקָּצֵה עַד קְצֵה הָאָרֶץ וְיָטִיל אֶרֶס חָזָק נוֹקֵב הַמָּגִנִּים וְנִשְׁקֵי הַבַּרְזֶל.

וְאָמַר: מִי שֶׁיִּכְלוּ אוֹהֲבָיו וְהוּא לְבַדּוֹ, נִשְׁאַר עִם אוֹיְבָיו, יַשְׁלִים עִמָּהֶם אוֹ יִבְרַח.

וְאָמַר: כַּאֲשֶׁר יִבְגּוֹד הָאוֹהֵב וְהוּפַר עֲצָתוֹ דּוֹמֶה לְעַם יִשְׂרָאֵל אַחֲרֵי מוֹת אַבְשָׁלוֹם.

---

127 שַׁעַר...וְהָאוֹיֵב] שער האוהב והשונא והנקמה והגמול **ג** | שַׁעַר...231 הַלְּבָבוֹת] ח' **ק** **128** אָחִי] דע אחי כי **ג** **129** נִקְמָתְךָ] נקמתך נקמתך **אמ** | מוֹתוֹ שִׂמְחָתְךָ] שמחתך מותו **ג** לְךָ לוּ] לך בה אלו **ג** **132** מֵאַחַר] אחר **מ** | שֶׁאִם] אם **ג** **133** וְיֶאֱהַב] ח' **ג** | מֵרֵעֵי הַמֶּזֶג] מבני אדם **ג** **135** הַבְּרִיּוֹת] הנחות **ג** | יָצִיץ] מ' **ג**, יציק **אמ** | הַתּוֹעֶלֶת הַגְּדוֹלָה] התועלות הנפלאות **ג** **136** וְשִׂנְאָתָן] ושנאתם **ג** | עַד] אל **ג** | הָאָרֶץ] ח' **ג** | חָזָק] ח' **ג** **138** אוֹיְבָיו] שונאיו **ג** **140** וְהוּפַר] ותופר **ג**

[And he said: having mercy on the sinner is like taking revenge on him.]

And he said: a shining face in the moment of meeting is proof of affection.[15]

And he said: the love for brothers is nature, the love for friends is wisdom, and the love for parents is grace.

And he said: what is difficult for a wise man? To take revenge on his enemies.

And he said: the wise man would be sure that he would not go astray, if the power of sins did not lead him astray.

And he said: you can never be sure that friends and relatives will not betray you, since the nature of this world compels it and the character of the created obliges it.

And he said: when a traitor begins to betray he will have many assistants, but they will be the first ones in censuring and exposing him in public, as happened to Sheba son of Bichri, when tens of thousands of Israelites followed him, but the following day cut off his head.[16]

---

follows Hushai's counsel, is eventually defeated, and Ahithophel hangs himself.

[15] Manuscripts **א** and **מ** have הריבה 'dispute' instead of החבה 'affection' of manuscript **נ**. The latter is prefered for the sake of meaning.

[16] Sheba son of Bichri revolted against King David, according to 2 Sam. 20. He ended up hiding in the city of Abel Beth-maacah. David's army besieged the city. A woman from within spoke to Joab, David's commander, and asked him not to destroy the city in exchange for Sheba. The woman convinced the people of the city, they cut off Sheba's head, and threw it from the wall.

[וְאָמַר: הַמְּחִילָה לְחוֹטֵא הַנְּקָמָה מִמֶּנּוּ.]

וְאָמַר: צְהִילוּת הַפָּנִים בְּעֵת הַפְּגִישָׁה מוֹפֵת עַל [הַחִבָּה].

וְאָמַר: אַהֲבַת הָאַחִים טֶבַע, וְאַהֲבַת הָרֵעִים חָכְמָה, וְאַהֲבַת הוֹרִים חֶסֶד.

וְאָמַר: מַה קָּשֶׁה לְמַשְׂכִּיל? לְהִנָּקֵם מֵאוֹיְבָיו.

וְאָמַר: נִסְכָּם הָיָה הַמַּשְׂכִּיל שֶׁלֹּא יִשְׁגֶּה, לוּלֵי שֶׁתּוֹקֶף הַחֲטָאִים יְסִיתֵהוּ.

וְאָמַר: אַל תִּבְטַח בִּזְמַנְּךָ מִבְּגִידוּת הָאוֹהֲבִים וְהַקְּרוֹבִים כִּי טֶבַע הָעוֹלָם יַכְרִיחָהּ וּתְכוּנַת הַיְצִירָה יְחַיְּבָהּ.

וְאָמַר: בְּהַתְחִיל הַבּוֹגֵד לִבְגּוֹד יִרְבּוּ עוֹזְרָיו, וּתְחִלַּת מִי שֶׁיְּגַנֵּהוּ מִן הֶהָמוֹן שֶׁיְּפַרְסְמֵהוּ יִהְיוּ הָעוֹזְרִים הָהֵם, וְכֵן שֶׁבַע בֶּן בִּכְרִי נָטוּ אַחֲרָיו רִבְבוֹת יִשְׂרָאֵל וּמִמָּחֳרָת כָּרְתוּ רֹאשׁוֹ.

---

142 וְאָמַר...מִמֶּנּוּ] מ' **ג** **143** הַחִבָּה] מ' **ג**, הריבה **אמ** **145** הוֹרִים] הזרים **ג** **146** קָשֶׁה] מאד קשה **ג** | מֵאוֹיְבָיו] מאויבו **ג** **147** נִסְכָּם] נחכם **ג** | יִשְׁגֶּה] יחטא **ג** | לוּלֵי] אלא **ג** **148** יְסִיתֵהוּ] יסיתנו **ג** **150** יַכְרִיחָהּ] יכריחם **ג** **152** שֶׁיְּפַרְסְמֵהוּ] ויפרסמהו **ג**

And a pious man was asked: what is the thing that has prevented you from having enemies? He said: forgiveness.

And he said: there are three things that can be avoided, but never completely: women, fools, and bad fruit.

And he said: move away from the masses of people and stick with your neighbours.

And he said: there are three [kinds of] companions: the relative, the friend, and the neighbour. Regarding the relative, it is nature that keeps his friendship; regarding the neighbour, habit has been stamped and [so] his friendship persists; and regarding the friend, his friendship is neither by nature nor by habit; indeed, it comes about by accident and is never free from betrayal. But if you have spent half of your wealth to acquire it, [you have lost nothing, because a faithful friend is like an investment of capital that lasts] all his days to love him and to profit from him.

And he said: a friend is like a plot of land, and you are a cloud that adorns it with rains of generosity.

And he said: the sage ignores his multiple enemies, for if he decided to destroy them, he would be lost multiple times with them.

And he said: the thoughts of an enemy are like cut thorns over which the hated one passes barefoot.

שְׁאֲלוּ לְחָסִיד: מָה הַדָּבָר שֶׁמָּנַע מִמְּךָ הָאוֹיְבִים? אָמַר: הַמְּחִילָה.

וְאָמַר: שְׁלֹשָׁה יִתָּכֵן רִיחוּקָם וְלֹא בְּתַכְלִית: לַנָּשִׁים וְלַכְּסִיל[ים] וְלָרָעִים מִן הַפֵּירוֹת.

וְאָמַר: הִתְרַחֵק מִן הֶהָמוֹן בִּכְלָלָם וְהִדָּבֵק לִשְׁכֵינֶיךָ.

[ב101] וְאָמַר: הַחֲבֵרִים שְׁלֹשָׁה: הַקָּרוֹב, וְהָאוֹהֵב, וְהַשָּׁכֵן. הַקָּרוֹב הַטֶּבַע מַשְׁאִיר חֶבְרָתוֹ, הַשָּׁכֵן הַהֶרְגֵּל הוּטְבַּע וְיַתְמִיד חֶבְרָתוֹ, הָאוֹהֵב אֵין חֶבְרָתוֹ מִן הַטֶּבַע וְלֹא מִן הַהֶרְגֵּל אָמְנָם תָּבוֹא בְּמִקְרֶה וְלֹא תִּמָּלֵט מִן הַבְּגִידָה. אִלּוּ פָּזַרְתָּ חֲצִי מָמוֹנְךָ לִקְנוֹתָהּ, [לֹא תַּפְסִיד, וְהָאוֹהֵב הַנֶּאֱמָן קֶרֶן קַיָּים עוֹמֵד] כָּל יָמָיו לְאֶהוֹבוֹ לְהַרְוִיחַ מִמֶּנּוּ.

וְאָמַר: הָאוֹהֵב חֶלְקָה, וְאַתָּה עָנָן נֶוֵהוּ גִּשְׁמֵי הִתְנַדְּבוּתֶיךָ.

וְאָמַר: יַעְלִים הֶחָכָם עֵינָיו מֵהֲמוֹן הַשּׂוֹנְאִים, וְאִם תֹּאמַר לְכַלּוֹתָם, יְאַבֵּד פְּעָמִים רַבּוֹת עִמָּהֶם.

וְאָמַר: מַחְשְׁבוֹת [הַשּׂוֹנֵא] קוֹצִים כְּסוּחִים עוֹבֵר הַשָּׂנוּא עֲלֵיהֶם יָחֵף.

---

154 שְׁאֲלוּ] ואמר שאלו **ב** | לְחָסִיד] החסיד **ב** **157** וְלָרָעִים...הַפֵּירוֹת] ולדעי הפירות **ב** **158** וְהִדָּבֵק לִשְׁכֵינֶיךָ] ותדבק בשכניך **ב** **160** הוּטְבַּע] הוטבעה בו **ב** **163** לֹא...עוֹמֵד] מ' **ב**, ולא הפסדת וגוף האוהב הנאמן וקיים עומד **אמ** | לְאֶהוֹבוֹ] לאוהבו **ב** **165** וְאָמַר... הִתְנַדְּבוּתֶיךָ] ח' **ב** **166** הַשּׂוֹנְאִים] הנושאים **ב** | וְאִם] אם **ב** **168** הַשּׂוֹנֵא] מ' **ב**, השוע **אמ**

And he said: men plot many times to take revenge on their enemies, and [end up] taking revenge on themselves.

And he said: do not rely on the help of your friends for your affairs; for as the owner of a garden waters his flowerbed from the well without hoping for rain, but is grateful if it falls, so is the wise man who corrects his transgressions with his [own] power, without expecting his friends' prodding; but if they help him, he will accept it.

And he said: several times you will think of your friend as a traitor when he is innocent, and you will begin distancing yourself from him and troubling him, becoming the traitor and not the betrayed.

And he said: when your friend turns into an enemy, do not take vengeance on him.[17]

And he said: when an enemy seeks your friendship, do not withhold it from him, [but] trust him [only] with great wariness.

And he said: humility [in dealing] with friends is an obligation, but a bit of pride is [also] beneficial.

---

[17] This is another enigmatic epigram. The second part literally says: 'keep/hold his clothes'. I can think of only two possible explanations. The first one follows Jer. 12.1, where בגד means 'treachery' or 'perfidy'. Therefore, 'when your friend turns into an enemy, do not forget his perfidy'. Another possibility is based on David's cutting of Saul's cloak according to 1 Sam. 24: Saul's envy towards David leads to several attempts on David's life, but when David has the chance to kill Saul, he just cut off a piece of Saul's cloak to show to him afterwards as proof of loyalty and friendship.

וְאָמַר: יְדַמֶּה הָאִישׁ פְּעָמִים רַבּוֹת לְהִנָּקֵם מֵאוֹיְבוֹ וְיִנָּקֵם מִנַּפְשׁוֹ.

וְאָמַר: אַל תִּשָּׁעֵן בְּכָל עֲסָקֶיךָ עַל עֵזֶר אוֹהֲבִים, וְכַאֲשֶׁר בַּעַל הַגַּן יַשְׁקֶה עֲרוּגוֹתָיו מִן הַבּוֹר מִבְּלִי שֶׁיְּקַוֶּה הַגֶּשֶׁם וְאִם יֵרֵד יֵרֵד, כֵּן הַמַּשְׂכִּיל יְתַקֵּן מַעֲווֹתָיו בְּכֹחוֹ וְלֹא יְקַוֶּה הֶעָרַת אוֹהֲבָיו וְאִם יַעַזְרוּהוּ יְקַבֵּל.

וְאָמַר: כַּמָּה פְּעָמִים תַּחְשׁוֹב אוֹהַבְךָ בּוֹגֵד וְהוּא נָקִי, וְתַתְחִיל לְהִתְרַחֵק מִמֶּנּוּ וּלְרָדְפוֹ וְאַתָּה בּוֹגֵד וְלֹא בָגְדוּ בְּךָ.

וְאָמַר: בְּהִתְהַפֵּךְ אֲהוּבְךָ לְשׂוֹנֵא הַחֲזֵיק בִּבְגָדָיו.

וְאָמַר: כַּאֲשֶׁר יִרְדּוֹף הָאוֹיֵב חֶבְרָתְךָ, אַל תִּמְנָעֶהָ מִמֶּנּוּ, עִם הַשְּׁמִירָה הָעֲצוּמָה מִבְּטוֹחַ בּוֹ.

וְאָמַר: הַשִּׁפְלוּת עִם הָאוֹהֲבִים חוֹבָה וּמְעַט הַהִתְיַקְּרוּת תּוֹעֶלֶת.

---

170 יְדַמֶּה...רַבּוֹת] פעמים רבות יחשוב האדם ב **172** עַל...אוֹהֲבִים] בעזר האוהבים ב וְכַאֲשֶׁר בַּעַל] כמו שבעל ב **174** מַעֲווֹתָיו] מעוותו ב **176** אוֹהַבְךָ] האוהב ב | וְתַתְחִיל...177 לְהִתְרַחֵק] ותתרחק ב **177** וְלֹא...בְּךָ] והוא נקי ולא בגד בך ב **178** הַחֲזֵיק] החזק ב **179** תִּמְנָעֶהָ] תמנענה ב **181** וּמְעַט הַהִתְיַקְּרוּת] ומעת התיקרות ב

And he said: there is nothing a friend who has suffered betrayal will hate and find more repulsive than the honour [of him who has betrayed him].

And he said: when a man is good to his friend today, but turns and hurts him tomorrow, count his [good] action.

[And he said: ignore the wrongdoing of a friend who has helped you a thousand times.]

And he said: disclosure of secrets and betrayal are brothers, injustice is their father, and their offspring is ill repute.

And he said: when two of your friends become enemies [to each other], do not decide in favour of one, because that would be selling one friend for the other, and the second one will realise your betrayal and you will lose both of them. [Therefore, put your efforts into reconciling them.]

And he said: wealth and generosity are very good, but we still need loyal friends.

And he said: one of the ways of the sage is not to constantly accept benefits and favours from a friend, lest he [i.e., the sage] become burdensome to the helpful friend and the latter become inattentive, which is similar to evening honey: if you eat a great deal of it, you will end up vomiting.

[And he said: just as nature does not tolerate a person eating the same kind of food all his life, Destiny does not tolerate the existence of a friendship that lasts forever.]

וְאָמַר: לֹא נִמְצָא דָּבָר אַחַר הַבְּגִידָה שֶׁיִּשְׂנָא הָאוֹהֵב וְשֶׁיִּמְאָסֵהוּ זוּלָתִי כְּבוּדָתוֹ.

וְאָמַר: כַּאֲשֶׁר הֵיטִיב גֶּבֶר לְרֵעֵהוּ הַיּוֹם וְשָׁב וְהִזִּיקוֹ מָחָר, קִבֵּל גְּמוּלוֹ.

[וְאָמַר: הַעְלֵם עֵינְךָ מֵחֵטְא אוֹהֵב אֲשֶׁר הוֹעִילְךָ אֶלֶף פְּעָמִים.]

וְאָמַר: גִּלּוּי הַסּוֹד וְהַבְּגִידָה אַחִים, אֲבִיהֶם הָעָוֶל, יִסְתַּעֵף מֵהֶם הַשֵּׁם הָרַע.

וְאָמַר: בִּהְיוֹת שְׁנֵי שׂוֹנְאִים אֲהוּבֶיךָ אַל תַּכְרִיעַ לְעוּמַּת הָאֶחָד כִּי הָיִיתָ מוֹכֵר אוֹהֵב בְּאוֹהֵב, וְהַשֵּׁנִי יַכִּיר בְּגִידוּתְךָ וְתַפְסִיד שְׁנֵיהֶם, [אֲבָל שִׂים הִשְׁתַּדְּלוּתְךָ לְהַשְׁלִים בֵּינֵיהֶם].

וְאָמַר: מַה נִּכְבָּד הָעוֹשֶׁר עִם הַנְּדִיבוּת וְעוֹדֶנּוּ צָרִיךְ אֶל הָאֲהוּבִים הַנֶּאֱמָנִים.

וְאָמַר: מִתַּחְבּוּלוֹת הֶחָכָם שֶׁלֹּא יְקַבֵּל תָּמִיד מִן הָאוֹהֵב תּוֹעֶלֶת וְטוֹבוֹת בִּתְמִידוּת פֶּן יִכְבַּד עַל הָאוֹהֵב הַמּוֹעִיל וְיִתְרַשֵּׁל כִּדְבַשׁ הֶעָרֵב שֶׁאִם תַּרְבֶּה מִמֶּנּוּ תָּקִיא.

[וְאָמַר: כַּאֲשֶׁר לֹא יִסְבּוֹל הַטֶּבַע הֶמְשֵׁךְ הָאָדָם בְּמָזוֹן אֶחָד כָּל יָמָיו, כֵּן לֹא יִסְבּוֹל הַזְּמַן הָרַע קִיּוּם חֶבְרָה אַחַת כָּל הַיָּמִים.]

---

183 וְאָמַר...184 כְּבוּדָתוֹ] ח' ב **185** הֵיטִיב] הטוב ב **187** וְאָמַר...188 פְּעָמִים] מ' ב **191** אֲהוּבֶיךָ] אהובך ב | תַּכְרִיעַ] תכריח ב **192** הָיִיתָ] היות ב | וְהַשֵּׁנִי] השני ב | בְּגִידוּתְךָ] בגידתך ב **193** אֲבָל...בֵּינֵיהֶם] מ' ב **195** הָאֲהוּבִים] האוהבים ב **199** וְאָמַר...200 הַיָּמִים] מ' ב

And an enemy said to his friends: "Why have these tragedies come upon me?" They replied: "Why were you rich?"[18]

And he said: do not overdo it with women, fire, or worldly affairs, lest they kill you.

And he said: the wise man is not tempted by the beauty of women, like the good doctor who refuses a beautiful weed, recognising it as a lethal poison.

And he said: love your sons like you love yourself, but show yourself to them like a strange enemy.

And he said: the best way to keep your enemy down is by having mercy and not withholding your generosity, but be careful not to give him more than what he needs for one day.

And he said: the test of loving relatives and brothers [is] in saving your life against their own inclination; the test of loyal friends [is] in saving your life to their financial harm; and the recognition of an enemy [resides] in your financial loss to your detriment. However, never expect from your brothers financial rescue at the cost of your life, or from your friends their financial benefit at the expense of your loss; and do not worry if an enemy puts himself at risk to destroy you.

---

[18] Manuscript מ has איוב 'Job' instead of אויב 'enemy', which makes sense in the context of Job asking his friends for an explanation for his suffering. Either it is a copyist's mistake, or the author is playing with the letters of the word to suggest one of the main themes in ethical and *musar* literature: why bad things happen to good people. In any case, the epigram points out men's questioning of suffering tragedies when things are going badly and their silence when things are going well.

וְאָמַר אוֹיֵב אֶל רֵעָיו: מַדּוּעַ בָּאוּנִי אֵלֶּה הָרָעוֹת? הֱשִׁיבוּהוּ: מַדּוּעַ הָיִיתָ נִכְבָּד?

וְאָמַר: הָאִשָּׁה וְהָאֵשׁ וּכְבֵדוּת הַזְּמַן אַל תִּרְבֶּה מֵהֶם פֶּן יְמִיתוּךָ.

וְאָמַר: הַמַּשְׂכִּיל לֹא יְסִיתֵהוּ יוֹפִי הַנָּשִׁים, כְּרוֹפֵא הַטּוֹב שֶׁיִּמְאַס הָעֵשֶׂב הַנָּאֶה בְּהַכִּירוֹ אוֹתוֹ סַם מֵמִית.

וְאָמַר: אֱהוֹב בָּנֶיךָ כְּנַפְשְׁךָ וְהִתְרָאֵה לָהֶם כְּשׂוֹנֵא מִתְנַכֵּר.

וְאָמַר: מַתְכּוֹנֶת הַמַּעֲלָה בְּהִתְרוֹשֵׁשׁ אוֹיִבְךָ שֶׁלֹּא תִּמְנַע מִמֶּנּוּ נִדְבָתְךָ וְשֶׁתַּחְמוֹל עָלָיו, וְהִשָּׁמֵר מֵהִתְנַדֵּב לוֹ מַה שֶּׁיַּסְפִּיקֶנּוּ יוֹתֵר מִיּוֹם אֶחָד.

וְאָמַר: בְּחִינַת הַקְּרוֹבִים הָאוֹהֲבִים וְהָאַחִים בְּהַצִּילָם נַפְשְׁךָ בְּהִשְׁתָּרְרוּת נַפְשָׁם, וּבְחִינַת הָאוֹהֲבִים הַנֶּאֱמָנִים בְּהַצִּילָם נַפְשְׁךָ בְּהֶפְסֵד מָמוֹנָם, וְהַכָּרַת הַשּׂוֹנֵא בְּהַפְסִיד מָמוֹנְךָ לְהַזִּיקְךָ. וְאַל תְּקַוֶּה מִן הָאַחִים הַצָּלַת מָמוֹנְךָ בְּהֶפְסֵד נַפְשְׁךָ, וְלֹא מִן הָאוֹהֲבִים לְהַצִּיל מָמוֹנָם בְּהֶפְסֵד מָמוֹנְךָ, וְאַל תִּדְאַג שֶׁיְּסַכֵּן הָאוֹיֵב נַפְשׁוֹ לְהַכְרִיתְךָ.

---

201 וְאָמַר...202 נִכְבָּד] ח' נ | אוֹיֵב] איוב מ **203** וּכְבֵדוּת הַזְּמַן] ח' נ **205** וְאָמַר...206 מֵמִית] ח' נ **207** כְּשׂוֹנֵא] שונא נ **208** אוֹיִבְךָ] שונאך נ **209** מַה...210 אֶחָד] יותר ממה שיספקנו יום אחד נ **211** וְאָמַר...216 לְהַכְרִיתְךָ] ח' נ **215** מָמוֹנָם] ממונך מ | מָמוֹנְךָ] ממונם מ

And he said: you can only judge love's authenticity if you yourself are capable of loving authentically, for nature decrees that.

And he said: he who persists in quarrelling with his wife[19] makes his household unruly and is sure to suffer want.

And he said: the sage loves the man who reproves him, hates one who speaks against him in the presence of others, and criticises the one he suspects of having withheld the reproach from him.

And he said: there is no sin for which the committers are unable to apologise or justify its commission except for speaking wickedness about anyone in the presence of his enemy.

And he said: there are three people who lack enemies on their first day: the foreigner, the king, and the bridegroom.

And he said: a great king was asked: "Who made you a ruler over the foolish ones among your people?" He said: "Their foolishness." "And who subjugated your traitors?" He said: "My mercy." "And who made public your virtue?" He said: "My *musar*."

And he said: when you are in good company, pay attention and be quiet, and you will understand the secret truth of their hearts.

---

[19] Literally: the woman of his covenant.

וְאָמַר: כְּפִי שֶׁתֹּאהַב אַהֲבָה נֶאֱמָנָה תּוּכַל לְהַבְחִין בְּצֶדֶק אַהֲבָתוֹ אוֹתְךָ כִּי כֵן הַטֶּבַע גּוֹזֵר.

וְאָמַר: הַמַּתְמִיד רִיב [א102] עִם אֵשֶׁת בְּרִיתוֹ יָשִׂים בֵּיתוֹ שְׁמָמָה וְלֹא יְמַלֵּט מִן הַחֵסֶר.

וְאָמַר: יֹאהַב הֶחָכָם מוֹכִיחוֹ, וְיִשְׂנָא הַמְדַבֵּר עָלָיו בְּמַעֲמַד זוּלָתוֹ, וְיִתְפּוֹשׂ עַל חוֹשְׁדוֹ בַּעֲבוּר זֶה שֶׁמָּנַע מִמֶּנּוּ הַתּוֹכַחַת.

וְאָמַר: אֵין חֵטְא אֲשֶׁר לֹא יוּכַל בְּעָלָיו לְהִתְנַצֵּל עָלָיו וּלְהַצְדִּיק כַּוָּנָתוֹ זוּלַת הַמְדַבֵּר עַל הָאִישׁ רָעָה בְּמַעֲמַד אוֹיְבוֹ.

וְאָמַר: שְׁלֹשָׁה נֶעְדְּרֵי הַשּׂוֹנְאִים בְּיוֹמָם הָרִאשׁוֹן: הַנָּכְרִי, וְהַמֶּלֶךְ, וְהַחַתָּן.

וְאָמַר: שָׁאֲלוּ לְמֶלֶךְ גָּדוֹל: מִי הִמְשִׁילְךָ עַל כְּסִילֵי עַמְּךָ? אָמַר: סִכְלָם. וּמִי הִכְנִיעַ בּוֹגְדֶיךָ? אָמַר: חֶמְלָתִי. וּמִי פֵּרֵסֵם מַעֲלָתְךָ? אָמַר: מוּסָרִי.

וְאָמַר: בִּהְיוֹתְךָ בְּמַעֲמָדָם הַטֵּה אָזְנְךָ וְהַחֲרֵשׁ, וְתַעֲמוֹד עַל אֲמִתַּת סוֹדוֹת הַלְּבָבוֹת.

---

220 הַחֵסֶר] החשד ב **222** זֶה] ח' ב **223** לְהִתְנַצֵּל] להנצל ב **224** וּלְהַצְדִּיק] להצדיק ב רָעָה] ח' ב **225** בְּיוֹמָם] ביום ב | הַנָּכְרִי...226 וְהַחַתָּן] המלך, והחתן, והנכרי ב **228** סִכְלָם] שכלי ב **230** בְּמַעֲמָדָם] במעמדות ב **231** אֲמִתַּת...הַלְּבָבוֹת] אמונת הלבבות ב

Chapter on Isolation from this World and the Mention of *meshalim* about Its Hostility

Jedaiah said: this world is a stream whose waters are bitter and damned, the wise man feels its bitterness and flees, while the naïve quenches his thirst and his belly swells.[20]

And he said: this world is like an old worn-out garment: if you wear it often, it will rip and tear and you will end up naked, but if you put it aside and wear it occasionally, [it will be] spared the decay caused by intense heat and cold, heavy rain, snow and winds, and it will last for many days. So is this world for [those who] take risks and [try] to overpower Destiny in every affair that turns out; there is no doubt that the end will be painful and disastrous; however, [those who] stay calm, do everything at the proper time, reflect on opportunities,[21] and close their eyes to most eventualities—there is no doubt that they will achieve what they intend and the end will be favourable.

And he said: this world is like a filthy and infected sick person who has gold coins in his hand. It happens that if the

---

[20] The author begins this chapter by linking the bitterness of the earthly world with the trial by ordeal described in Num. 5.11–31. There, bitter water—a mixture of water and dust—is administered to the woman suspected of adultery in the absence of witnesses: if her belly swells with that water, she is guilty, if not, she is innocent. In Jedaiah's account, the naïve man is guilty of indulging in earthly pleasures, which is proven by his figurative swollen belly.

[21] Literally: invest thoughts in chances.

שַׁעַר בַּעֲזִיבַת הָעוֹלָם וְזִכְרוֹן מִשְׁלֵי תְּנוּאוֹתָיו

אָמַר יְדַעְיָה: הָעוֹלָם נַחַל נוֹבֵעַ מֵימָיו מַיִם מָרִים מְאָרְרִים, יַרְגִּישׁ הַמַּשְׂכִּיל מְרִירוּתָם וְיִבְרַח, וְהַפֶּתִי יִרְוֶה מֵהֶם צְמָאוֹ וּבִטְנוֹ צָבָה.

וְאָמַר: הָעוֹלָם הַזֶּה כְּמוֹ בֶּגֶד בָּלוּי יָשָׁן: אִם תַּתְמִיד לְבִישָׁתוֹ יִשָּׁבֵר וְיִקָּרַע וְתִשָּׁאֵר עָרוֹם, וְאִם תַּנִּיחֵהוּ לְעַצְמוֹ וְתִלְבָּשֵׁהוּ לְעִתִּים רְחוֹקִים בִּזְמַן מְשׁוּלָּל מִמַּפְסִידִים בְּחוֹם וְקוֹר גּוֹבְרִים, מָטָר וְשֶׁלֶג וְרוּחוֹת, יִתְקַיֵּים מְצִיאוּת הַבֶּגֶד בְּלִי סָפֵק יָמִים רַבִּים. כֵּן זֶה הָעוֹלָם מִצַּד הַהִסְתַּכֵּן וְהַהִתְעַצְּמוּת עַל הַזְּמַן בְּאֵי זֶה עֵסֶק יִזְדַּמֵּן, אֵין סָפֵק שֶׁאַחֲרִיתוֹ הָרַע וְהָאֲבַדּוֹן; אָמְנָם הַהִתְיַשֵּׁב וּשְׁמִירַת הַשָּׁעוֹת הָרְאוּיוֹת וְהַשְׁקָעַת הַמַּחְשָׁבָה בְּתוֹחֶלֶת וַעֲצוֹם הָעֵינַיִם בְּרוֹב הַמִּקְרִים, אֵין סָפֵק שֶׁבּוֹ הַגָּעַת רוֹב הַכַּוָּונוֹת וְהַתַּכְלִית הַטּוֹבָה.

וְאָמַר: הָעוֹלָם הַזֶּה כְּחוֹלֶה מְזוֹהָם מְנוּגָּע וּבְיָדוֹ זְהָבִים. הִנֵּה אִם לֹא יִתֵּן הַמְזוֹהָם מִזְּהוּבָיו אֵלֶיךָ לֹא תִּתְעוֹרֵר מִזֶּה אֶל הַכַּעַס

233 יְדַעְיָה] ידעיה הפניני **נק** | הָעוֹלָם] אחי אחי העולם הזה **נ** | מֵימָיו] ח' **נק** | יַרְגִּישׁ] ישכיל **נ** **234** מְרִירוּתָם] ח' **נ** | וְהַפֶּתִי יִרְוֶה] ירוה הפתי **נ** **236** לְעַצְמוֹ] בעצמו **ק** **237** מִמַּפְסִידִים] ח' **ק** | בְּחוֹם וְקוֹר] מחום ומקור **נ** | מָטָר] ומטר **נק** **238** מְצִיאוּת...סָפֵק] בלי ספק מציאות הבגד **נק** | זֶה] ח' **נק** **239** הַהִסְתַּכֵּן] ההסתכן לקבוץ הממונות במדברות ובים ומהירות הנקמה על האויבים **נ**, ההסתכן לקבוץ הממונות בים וביבשה ובמדבות ומהירות הנקמה על האויבים **ק** | בְּאֵי...יִזְדַּמֵּן] ח' **ק** | יִזְדַּמֵּן] שיזדמן **נ** **240** הָרַע וְהָאֲבַדּוֹן] האבדון **ק** | הַהִתְיַשֵּׁב] התישב **ק** **242** הַגָּעַת...243 הַטּוֹבָה] רוב הגעת הטובות והתכלית המעלה **ק** | וְהַתַּכְלִית] ותכלית **נ** **244** מְזוֹהָם] המזוהם **ק** | מְנוּגָּע] המנוגע **ק** **245** יִתֵּן] יזן **ק** תִּתְעוֹרֵר] תעורר **נ**

filthy person does not give you of his gold coins, you will not be afflicted with anger or envy, because your desire for his worthless gold coins is weak due to the great revulsion that this infected person causes in you, and you will be prompted to console yourself and say: "What do I have to do with this worthless infected person just because I desire his silver and gold, which are in contact with his affliction? Let him keep what he has!" And you will be saved easily from negligence and will be comforted by the lack of his gifts. Despite this, there is no doubt that if he wanted to give them to you, you would happily take them without [even] washing them, because you would not consider their valuelessness due to the great pleasure derived from the gift. Similarly is this world, in the sense that if you are granted a large portion of its benefits and delights, you will become very happy and prevail; but if you are denied its pleasures and gifts, by being a perfect man you will not be concerned or feel wrath due to their absence, and you will understand that Destiny is nonsense; for harm and disaster are attached to its benefits, mourning is mixed with its happiness, destruction is paired with the things it builds, and its end is always evil. And he who refuses its nonsense will have a more pleasant life, since those conventional things are accompanied by misfortune, and the end of those who have been destroyed by envy is failure and devastation.

וְהַקִּנְאָה מְחוּלֶּשֶׁת תַּאֲוָתְךָ לִזְהוּבָיו הַפְּחוּתִים מֵרוֹב הַמִּיאוּס אֲשֶׁר נָפְלוּ בּוֹ הַמְּנוּגָּע בְּמַחְשַׁבְתְּךָ, אֲבָל תְּמַהֵר לְהִנָּחֵם וְלוֹמַר: מַה לִּי וְלַמְּנוּגָּע הַזֶּה הַגָּרוּעַ כִּי אֶכְסוֹף לְכַסְפּוֹ וְלִזְהָבוֹ אֲשֶׁר דָּבְקוּ לִנְגָעָיו? יְהִי לוֹ אֲשֶׁר לוֹ! וְתִשָּׁאֵר בְּזֶה הַקַּלּוּת מְקַבֵּל הַהִתְרַשְּׁלוּת וְהַנֶּחָמָה עַל מַה שֶּׁחָסַרְתָּ מִמַּתְּנוֹתָיו. וְעִם כָּל זֶה, אֵין סָפֵק שֶׁהוּא אִם יִרְצֶה לְתִתָּם אֵלֶיךָ, תִּקָּחֵם מֵרוֹב בְּשִׂמְחָה וְאִם לֹא תִּרְחֲצֵם, מִבְּלִי שֶׁתָּשִׁית לֵב לִפְחִיתוּת מֵרוֹב הַתַּעֲנוּג הַמּוּשָּׂג מִן הַמַּתָּנָה. כֵּן זֶה הָעוֹלָם בְּשָׁוֶה אִם אַתָּה תְּקַבֵּל מִמַּעֲדַנָּיו וְקִנְיָנָיו חֵלֶק גָּדוֹל בֶּאֱמֶת תִּשְׂמַח וְתִשְׁתָּרֵר, וְאִם אַתָּה בּוֹ רֵיק מִתַּעֲנוּגָיו וּמַתְּנוֹתָיו לֹא יַשִּׂיגְךָ בִּהְיוֹתְךָ מִן הַשְּׁלֵמִים דָּבָר מִן הַדְּאָגָה וְהַכַּעַס עַל הֶעְדֵּר טוֹבוֹתָיו, אֲבָל תִּתְבּוֹנֵן [כִּי הַזְּמַן] הֶבֶל, וְהַנְּזָקִים וְהָרָעוֹת אֲחוּזוֹת בְּתוֹעֲלוֹתָיו, וְהָאֵבֶל מְעוֹרָב בְּשִׂמְחָתוֹ, וְהַהֲרִיסָה מְזוּגָה בְּבִנְיָנָיו, וְאַחֲרִיתוֹ לְעוֹלָם רָעָה. וְהַיּוֹתֵר מִסְתַּפֵּק מֵהֲבָלָיו, חַיָּיו יוֹתֵר נְעִימִים כִּי הַתְּלָאוֹת עַל הַמְּפוּרְסָמִים תְּכוּפוֹת, וְהֵם אֲשֶׁר תַּחְרִיבֵם הַקִּנְאָה וְיִהְיֶה תַּכְלִיתָם הַהֶפְסֵד וְהָאֲבַדּוֹן.

---

246 וְהַקִּנְאָה] גם הקנאה **ק** | לִזְהוּבָיו] מזהוביו **נ** **247** נָפְלוּ] נפל **מנק** | לְהִנָּחֵם] להתנחם **ק** | וְלוֹמַר] ותאמר **נק** **248** הַזֶּה] הזה הזה **מ** **249** וְתִשָּׁאֵר] ונשאר **ק** | מְקַבֵּל] מקבול **נק** | וְהַנֶּחָמָה] ח' **נק** **250** שֶׁחָסַרְתָּ] ח' **נ** **251** אֵלֶיךָ] לך **נ** | תִּקָּחֵם...בְּשִׂמְחָה] שתקבלם בשמחה **ק** | מֵרוֹב] ח' **נ** | וְאִם] וגם **ק** **252** לִפְחִיתוּת] לפחיתות הנותן **נק** | מִן הַמַּתָּנָה] מהמתנה **ק** | כֵּן] וכן **נ** | זֶה...253 הָעוֹלָם] העולם הזה **ק** **253** אַתָּה] ח' **נ** | תְּקַבֵּל] מלא **ק** **254** וּמַתְּנוֹתָיו] ח' **ק** **255** דָּבָר...טוֹבוֹתָיו] ח' **ק** **256** אֲבָל] אבל אך **ק** | כִּי הַזְּמַן] מ' **נק**, מן השלמים **אמ** | וְהַנְּזָקִים] הנזיקים **ק** **257** בְּתוֹעֲלוֹתָיו] בו ובתועלותיו **נ** | וְהַהֲרִיסָה... בְּבִנְיָנָיו] ח' **ק** | מְזוּגָה] מגונה **נ** | בְּבִנְיָנָיו] בבנינו **נ** **258** מֵהֲבָלָיו] בהבליו **נ** | יוֹתֵר נְעִימִים] בנעימים **ק** **259** עַל] ח' **נק** | הַמְּפוּרְסָמִים] המפורסמות **נק** | תְּכוּפוֹת] תנופות **נ** | תַּחְרִיבֵם] החריבם **נ**

And he said: people in this world are like a ship sailing on a stormy sea carried by the wind to the mysterious edges [of the earth]. From a distance, they saw a small island surrounded by sea, and on the island, what seemed to be a large forest, and within the forest precious stones that were shining from afar due to their vast quantity and their great purity. The people on the ship decided to go to the island and collect the golden treasures and the precious stones, so they left the ship in the hands of one of their servants and all of them went to the island. Each one of them took from that wealth in proportion to the size of his hand: the wise ones told themselves that it was better to take a modest amount of those valuable things, so long as they did not go deep inside the forest to put themselves in danger and maybe get lost there, or even just in case the winds that set the ship in motion blew and they would be quickly called to board it. [However], when the foolish ones took a certain amount of the valuable things, they did not have enough, and they wandered towards the depth of the forest, until they were really deep inside in order to collect and gather [more and more], and the more bits of silver or gold or precious stones that they saw, the more they wanted to take them, until they found themselves surrounded by the forest and completely lost.[22] And while they were in the forest, the ship was about to depart, and the wise

---

[22] Literally: without knowing how to get out and come back.

וְאָמַר: מְשַׁל הָאֲנָשִׁים בְּזֶה הָעוֹלָם כִּסְפִינָה הוֹלֶכֶת בְּיָם סוֹעֵר נְשָׂאָהּ הָרוּחַ אֶל הַקְּצָווֹת הַנֶּעֱלָמוֹת. רָאוּ מֵרָחוֹק אִי קְטַנָּה מוּקֶּפֶת יָם וּבָהּ יַעַר גָּדוֹל לְמַרְאֶה וּבָם אֲבָנִים יְקָרוֹת מְאִירוֹת מִמֶּרְחָק לְרוֹב כַּמּוּתָם עִם גּוֹדֶל זְכוּתָם. וְאָמְרוּ אַנְשֵׁי הַסְּפִינָה שֶׁיִּכָּנְסוּ [ב102] אֵלֶיהָ לְקַבֵּץ מִמִּכְמַנֵּי הַזָּהָב וַאֲבָנֶיהָ הַיְּקָרוֹת, וְהִפְקִידוּ הַסְּפִינָה בְּיַד אֶחָד מֵעַבְדֵיהֶם וְנִכְנְסוּ כֻּלָּם אֶל הָאִי. וַיַּאַסְפוּ מִסְּגוּלוֹתֶיהָ אִישׁ כְּמִסַּת יָדוֹ: הַמַּשְׂכִּילִים מֵהֶם הִתְיַעֲצוּ בְּלִבָּם שֶׁיּוֹתֵר טוֹב לָהֶם לָקַחַת מִן הַמָּמוֹנוֹת הָהֵם שִׁעוּר שָׁוֶה עַד שָׁמְרָם שֶׁלֹּא יָבוֹאוּ בִּפְנִימוֹת הַיַּעַר לְהִסְתַּבֵּן וְאוּלַי יֹאבְדוּ בְּתוֹכוֹ אוֹ יַגִּיעַ עֵת מַסַּע הַסְּפִינָה וּנְשִׁיבַת הָרוּחַ הַמְּנִיעָה, וְשֶׁיִּזְדַּמְּנוּ הֵם בִּמְהִירוּת לָבוֹא בְּתוֹכָהּ. וְהַפְּתָאִים כַּאֲשֶׁר לָקְחוּ שִׁיעוּר מִן הַמָּמוֹנוֹת לֹא שָׂבְעָה עֵינָם וְהֵם מְשׁוֹטְטִים בִּמְצוּלוֹת הַיַּעַר וְעָמְקוּ בוֹ לֶאֱסוֹף וְלִכְנוֹס וְכָל עוֹד רְאוֹתָם מְעַט כֶּסֶף אוֹ זָהָב אוֹ אֶבֶן חֲמוּדָה יַחְמְדוּם וְיִקְחוּם עַד שֶׁמָּצְאוּ נַפְשָׁם מְעֻטָּרִים בַּיַּעַר לֹא יָדְעוּ לָצֵאת וְלָבוֹא. בְּעוֹד שֶׁהָיוּ בַּיַּעַר הִגִּיעַ זְמַן לֶכֶת הַסְּפִינָה,

261 בְּזֶה] בזה בזה מ | בְּזֶה הָעוֹלָם] בעולם הזה **נק** **262** סוֹעֵר] ח' **נ** | נְשָׂאָהּ] ונשאה **נ** נְשָׂאָהּ הָרוּחַ] ח' **ק** | אֶל] על **ק** | הַקְּצָווֹת הַנֶּעֱלָמוֹת] קצוות נעלמות **נק** | רָאוּ] וראו **נק** **263** וּבָם] ובתוך היער **ק** | אֲבָנִים...מְאִירוֹת] אבנים מאירים יקרים מאין ערך מאירים **ק** **264** מִמֶּרְחָק] מרחוק **נק** | אַנְשֵׁי הַסְּפִינָה] איש אל רעהו **נ**, זה לזה **ק** **265** אֵלֶיהָ] אליו **נ**, ח' **ק** | מִמִּכְמַנֵּי] מכמות **נ** | הַזָּהָב] זהבה **נק** | הַיְּקָרוֹת] ח' **נק** **266** וְהִפְקִידוּ] וכן עשו: הפקידו **נ** **267** וַיַּאַסְפוּ] ויאספו אליו **נ** | אִישׁ] איש ואיש **נ** | כְּמִסַּת...268 לָקַחַת] ח' **ק** **268** בְּלִבָּם] בללבם **נ** | הָהֵם] ח' **ק** **269** בִּפְנִימוֹת] בפנימית **ק** | וְאוּלַי] אולי **ק** **270** עֵת] ח' **נ** | וּנְשִׁיבַת...הַמְּנִיעָה] ח' **ק** | הָרוּחַ] רוח **נ** | הֵם...271 בְּתוֹכָהּ] לבא בתוכה במהרות **נ** **271** מִן...272 הַמָּמוֹנוֹת] מהממונות **ק** **272** עֵינָם] עינם בתאותם **נ**, עינם ותאותם **ק** וְעָמְקוּ...273 בוֹ] ח' **ק** **273** וְכָל עוֹד] ועוד כל **ק** | כֶּסֶף] כסף מרחוק **נק** | אוֹ זָהָב] ח' **נק** **274** וְיִקְחוּם] ח' **נק** | שֶׁמָּצְאוּ...בַּיַּעַר] ח' **ק** | לֹא] שלא **ק** **275** בְּעוֹד...בַּיַּעַר] אחר כן **נ**, ח' **ק** | הִגִּיעַ] והגיע **ק** | הַסְּפִינָה] לדרכם בתוך הספינה **נ**

ones got on it very quickly and continued their trip, rich and well-loaded, happy and grateful, while the foolish ones remained in the forest [suffering] hunger, thirst, *the heat of the day and the cold of the night*,[23] dying for their stupidity as the stupid die. Similar are the types of people who regard the material pleasures: [those who] due to the existence of many things are always collecting and amassing, rejecting their soul and its benefits, and when the time of departure arrives, everything will be taken away from them and will be lost, their wealth will not save them and they will leave it for their enemies; while the perfect ones accept from the assets of Destiny only what is sufficient to live decently, to feed their bodies and prolong their existence, the goal of their behaviour being to direct themselves towards the perfection of their Supernal Form[24] and to make its light shine; and if death shackles them, their righteousness will precede them, and the glory of God, may He be blessed, their Creator, will lift them up.

And he said: the example of a man in his life is like a blind man who walks a path alone, entering a house while he is walking, but thinking that he is still on the path. When he enters the

---

[23] Jer. 36.30.

[24] According to Neoplatonic philosophy, the Supernal Form is the rational soul of man, which is the third soul that God gave exclusively to human beings, as opposed to animals, which have only two: spirit and appetite.

וּמִיָּד בָּאוּ הַמַּשְׂכִּילִים וְנִכְנְסוּ בְּתוֹכָהּ וְהָלְכוּ לְדַרְכָּם עֲשִׁירִים וְנִכְבָּדִים, שְׂמֵחִים וְטוֹבֵי לֵב, וְהַפְּתָאִים נִשְׁאֲרוּ בַּיַּעַר בְּרָעָב וּבְצָמָא לַחוֹרֶב בַּיּוֹם וְלַקֶּרַח בַּלָּיְלָה וּמֵתוּ בְּסִכְלוּתָם כְּמוֹת הַנְּבָלִים. עַל זֶה הַתּוֹאַר בָּאוּ כִּתּוֹת הָאֲנָשִׁים בְּאֵלּוּ הַתַּעֲנוּגִים הַגַּשְׁמִיִּים: מֵרוֹב הַמָּמוֹן לֹא תִשְׂבַּע עֵינָם מֵאֲסִיפָתָם וְקִבּוּצָם, וְהַנֶּפֶשׁ וְתוֹעֲלוֹתֶיהָ יַשְׁלִיכוּ אַחֲרֵי גֵוָם, וּבְהַגִּיעַ תּוֹר פְּרִידָתָם וּרְחֹקָה מִמֶּנּוּ תֵּאָבֵד הִיא וְהוּא, וְהוֹנוֹ לֹא יַצִּילֶנּוּ וּלְאוֹיְבָיו יַעַזְבֶנּוּ. אֲבָל הַיְּחִידִים הַשְּׁלֵמִים יְקַבְּלוּ מִקִּנְיְנֵי הַזְּמַן מַה שֶּׁיַּסְפִּיקֵם לִחְיוֹת בְּכָבוֹד וּלְהַבְרִיא גוּפוֹתָם וְהֶאֱרִיךְ מְצִיאוּתוֹ, תַּכְלִית מְגַמָּתוֹ יַכְוִין לְהַשְׁלָמַת צוּרָתוֹ הָעֶלְיוֹנָה וּלְהַגִּיהַּ אוֹרָהּ, וְאִם תִּכְפְּתֵהוּ הַמָּוֶת, יְהַלֵּךְ לְפָנָיו צִדְקוֹ, וּכְבוֹד ה' יִתְ[בָּרֵךְ] בּוֹרְאוֹ יַאַסְפֶנּוּ.

וְאָמַר: מְשַׁל הָאָדָם בְּחֶלְדּוֹ כְּעִוֵּר הוֹלֵךְ לְבַדּוֹ עַל דֶּרֶךְ, וְנִכְנָס דֶּרֶךְ לֶכְתּוֹ בְּאֶחָד מִן הַבָּתִּים, וְהוּא יְדַמֶּה בְּנַפְשׁוֹ עוֹדֶנּוּ בַּדֶּרֶךְ.

278 לַחוֹרֶב...בַּלָּיְלָה] יר' לו ל

276 וּמִיָּד...בְּתוֹכָהּ] ויבאו בה המשכילים הקרובים אליה **ג**, ויבאו בה המשכילים אליה **ק** **277** שְׂמֵחִים...לֵב] ח' **נק** **278** וּבְצָמָא] בצמא ובחוסר כל **נק** **279** עַל] ועל **נק** | בָּאוּ] ח' **נק** | בְּאֵלּוּ] באלה **ק** **280** מֵרוֹב הַמָּמוֹן] רוב ההמון **נק** | עֵינָם] בטנם **ק** **281** וְהַנֶּפֶשׁ] אבל הנפש **ק** | פְּרִידָתָם] פרידתה **נק** **282** וּרְחֹקָה] וקבוצה ורחוקה **ג** | הִיא וְהוּא] הוא והיא **ג** | וְהוֹנוֹ] ח' **ק** | יַצִּילֶנּוּ] תצילנו **ג** | וּלְאוֹיְבָיו] ולאויבו **ג** **283** אֲבָל הַיְּחִידִים] והיחידים **נק** | הַשְּׁלֵמִים] ח' **ק** | שֶׁיַּסְפִּיקֵם] שיספיקנו **ג** **284** גוּפוֹתָם] גופם **נק** | וְהֶאֱרִיךְ] להאריך **ג**, ח' **ק** | מְצִיאוּתוֹ...יַכְוִין] ותכלית מציאותו יהיה לכון **ק** | תַּכְלִית] ותכלית **ג** **285** תִּכְפְּתֵהוּ הַמָּוֶת] המות יאספהו **ג** **286** יְהַלֵּךְ] הולך **ק** | ה' יִתְבָּרֵךְ] ח' **ק** | יִתְבָּרֵךְ בּוֹרְאוֹ] ח' **ג** | יַאַסְפֶנּוּ] יאספהו **ג** **287** עַל דֶּרֶךְ] בדרך **ג**, ח' **ק** | וְנִכְנָס...288 לֶכְתּוֹ] נכנס בלכתו **ק** **288** לֶכְתּוֹ] לביתו **ג** | בְּאֶחָד...הַבָּתִּים] באחת הבתים **ק** | וְהוּא יְדַמֶּה] וידמה **ג**

house, which is full of objects, such as *a bed, a table, a chair, and a candlestick*,[25] the blind man stumbles over them and gets bruised by them, and as he stumbles, shouts and cries out at the injustice: "Who has done this great evil in putting obstacles and hindrances in the middle of the path in order to kill those who walk?" The people of the house answer: "Neither are the objects in the way, since they are in a house, nor did the disorder of the objects make you fail; but [it was] your lack of vision, since the objects are in the place they should be, while you, due to your lack of vision, thought of them as badly arranged to make you fail; but in reality it is in you where your failure resides, not in them or in him who arranged them." Similar to this is a man [who], because he stumbles into many things that make his body and soul fail, begins to be angry at those things and their inventor, when he should be angry at himself, like the one who says "Why has God created beautiful women, warm temperaments, and strong desire? Were it not for that, sexual intercourse would not weaken me, my days would not be shortened, and my vision would not be darkened; and, why has He created so many types of fruit that sicken and kill?"[26] Thus, he gets

---

[25] 2 Kgs 4.10.

[26] In the margin of manuscripts א (fol. 102ב) and מ (fol. 168ב) there is a biblical quotation: "A man's folly subverts his way, and his heart rages against God" (Prov. 19.3), which is directly connected to the content of the *mashal*.

וּבְבוֹאוֹ בַּבַּיִת וְהִנֵּה הוּא בְּבַיִת מָלֵא כֵּלִים: מִטָּה וְשֻׁלְחָן וְכִסֵּא וּמְנוֹרָה, וְנִכְשַׁל הָעִוֵּר בָּהֶם וְנִתְחַגֵּר וּבְהִכָּשְׁלוֹ צָעַק וְקָרָא חָמָס: מִי עָשָׂה הָרָעָה הַגְּדוֹלָה הַזֹּאת לָתֵת מִכְשׁוֹלוֹת וְאַבְנֵי נֶגֶף בַּחֲצִי הַדְּרָכִים לְהָמִית הָעוֹבְרִים? וַיַּעֲנוּהוּ אַנְשֵׁי הַבַּיִת: הַכֵּלִים אֵינָם בַּדֶּרֶךְ כִּי בְּבַיִת הֵמָּה, גַּם לֹא הֶפְסֵד סִדּוּר הַכֵּלִים הִכְשִׁילוּךָ כִּי אִם הֶפְסֵד רְאוּתְךָ וְהַכֵּלִים הֵם מְסוּדָּרִים וּבִמְקוֹם הַנָּאוֹת לָהֶם, וְאַתָּה מִצַּד חֶסְרוֹן רְאוּתְךָ כַּאֲשֶׁר תַּחְשְׁבֵם בְּחִילּוּף עַל כֵּן הִכְשִׁילוּךָ וּבֶאֱמֶת שֶׁכִּשְׁלוֹנְךָ מִצִּדְּךָ לֹא מִצִּדָּם וְלֹא מִצַּד הַמְסַדֵּר. כֵּן עִנְיַן הָאָדָם בְּשָׁוֶה כִּי הוּא יִכָּשֵׁל בְּעִנְיָנִים רַבִּים יַכְשִׁילוּ גוּפוֹ וְנַפְשׁוֹ וְיַתְחִיל לְהִתְרַעֵם עַל הָעִנְיָנִים הָהֵם וְהַמַּמְצִיאָם, וְהָיָה יוֹתֵר מִן הַמְחוּיָּב הִתְרַעֲמוֹ עַל עַצְמוֹ כְּמוֹ שֶׁאָמַר: לָמָּה הִמְצִיא הָאֵל הַנְּקֵבוֹת הַיָּפוֹת וְהִמְצִיא עִם זֶה חוֹם בְּמִזְגּוֹ וְתַאֲוָה חֲזָקָה? וְלוּלֵי זֶה, לֹא תַּחְלִישֵׁנִי הַמִּשְׁגָּל וְלֹא קָצְרוּ יָמַי וְלֹא כָּהָה רְאוּתִי, וְכֵן לָמָּה הִמְצִיא לְפָנַי רִבּוּי הַפֵּירוֹת הַמְּמִיתִים וְהַמַּחֲלִיאִים? וְכֵן

289 מִטָּה...290 וּמְנוֹרָה] מ"ב ד י

289 בַּבַּיִת...בְּבַיִת] הבית **נ**, הבית והנה הבית **ק** | מִטָּה וְשֻׁלְחָן] שלחן מטא **נ** | מִטָּה...290 וּמְנוֹרָה] ח' **ק** **290** הָעִוֵּר] ח' **ק** | וְנִתְחַגֵּר] ח' **נ** | צָעַק וְקָרָא] קרא וצעק **נ** **292** הָעוֹבְרִים] העוברים והשבים **נק** | הַכֵּלִים] הבית והכלים **ק** **293** כִּי[1]] כי אם **נ** | הֵמָּה גַּם] כמנהגם **נ** לֹא...הִכְשִׁילוּךָ] ולא הכשילך סדור הפסד הכלים **נ**, הפסד הכלים לא הכשילוך **ק** **294** וּבִמְקוֹם הַנָּאוֹת] במקום נאות וראוי **נ** | לָהֶם] ח' **נק** **295** חֶסְרוֹן רְאוּתְךָ] חסרון ראותך נגפת **נ**, חסרונך נגפת **ק** | כַּאֲשֶׁר] באשר **נ** **296** וּבֶאֱמֶת...הַמְסַדֵּר] ח' **ק** | לֹא] ולא **נ** עִנְיַן] הענין **ק** **297** הָאָדָם] ח' **ק** **298** יוֹתֵר] ח' **נק** **299** הַמְחוּיָּב] החיוב **נ** | שֶׁאָמַר] שיאמר **נק** | הִמְצִיא] הוציא **מ** **300** הַיָּפוֹת] הנאות **ק** | חוֹם בְּמִזְגּוֹ] חום גדול במזגי **נ**, חום גדול בגופי **ק** | וְלוּלֵי] ולולא **נ** **301** תַּחְלִישֵׁנִי] החלישני **נק** | וְלֹא[1]...יָמַי] ח' **ק** | קָצְרוּ... רְאוּתִי] כהתה עיני ולא קצרו ימי **נ** | כָּהָה רְאוּתִי] כהתה עיני **ק** | וְכֵן] וכן יאמר **נ** **302** הִמְצִיא] המציא ה' **נ**, המציא האל **ק** | לְפָנַי] ח' **ק** | הַמְּמִיתִים וְהַמַּחֲלִיאִים] המביאים החלאים ולפעמים ממיתים **נ**, המחליאים והממיתים **ק** | וְכֵן] **באמ** כתוב בשוליים: אולת אדם תסלף דרכו ועל ה' יזעף לבו (מש' יט ג)

angry at the things themselves and does not understand that God's wisdom is great, and everything He creates He intends to be orderly and harmonious, their benefits clear to him who knows how properly to deal with them; and the only thing God did is to create them, but the foolish man, due to his lack of wisdom, turned them harmful in his thought, as if they lacked value and order. And the saying of the sage already included this meaning when he said *your word is a lamp to my feet and a light for my path*;[27] because I am a hopeless blind person, you gave me an important and honourable religion to prevent me from the harm associated with stupidity, to direct me to the benefit of the great things, to allow me beneficial affairs, to show me the proper quantity, time, and duration for taking them, and all this is in the most perfect possible order.

And he said: a man in this world is like a group of people who were invited by an important person to dine with him, and he set before them a golden table, with golden and silver utensils, and among the people, there is no doubt that there were fools and there were wise men. The fools thought that those utensils were selected for them as a gift and that after the

---

[27] Ps. 119.105. The sage Jedaiah refers to is King David, the purported author of the psalm.

יִתְרַעֵם עַל הַנִּמְצָאוֹת וְלֹא יָבִין שֶׁחָכְמַת הָאֵל גְּדוֹלָה כַּוָּנָה
בְּמוֹצְאִים כֻּלָּם סֵדֶר נִגְדָּר וְהַנְהָגָה מְיֻחְסֶדֶת וְתוֹעֲלוֹתֵיהֶם
מְבוֹאָרִים לְמִי שֶׁיֵּדַע הַהַנְהָגָה הָרָאוּי בָּהֶם, וְאֵינֶנּוּ כִּי אִם הָאֵל
אֲשֶׁר הִמְצִיאָם וְהָאֱנוֹשׁ הַשֵּׂכֶל מִצַּד סִכְלוּתוֹ הֲשִׁיבָם מַזִּיקִים
בְּמַחְשַׁבְתּוֹ וְנִפְסְדוּ הַסִּדּוּר וְהָעֵרֶךְ. וּמַאֲמַר הֶחָכָם כָּלַל הַכַּוָּנָה
הַזֹּאת כַּאֲשֶׁר אָמַר "נֵר לְרַגְלִי דְבָרֶיךָ וְאוֹר לִנְתִיבָתִי", כִּי אֲנִי הוּא
כָּעִוֵּר וְהַסּוּמָא [א103] הַגָּמוּר, וְנָתַתָּ לְפָנַי דָּת חֲשׁוּבָה נִכְבֶּדֶת
תִּמְנָעֵנִי מִן הַנְּזָקִים הַנִּמְשָׁכִים אֶל הַסִּכְלוּת, וְתַיְשִׁירֵנִי לְתוֹעֶלֶת
הַנִּפְלָאוֹת, וְתַתִּירֵנִי הָעִנְיָנִים הַמּוֹעִילִים, וְתוֹרֵנִי בָּהֶם הַכַּמּוּת
הַמּוֹעִיל מִלְּקִיחָתָם וְהַשָּׁעָה וְהַזְּמַן הָרְאוּיִים לִלְקִיחָתָם; וְכָל זֶה
בְּתַכְלִית הַסִּדּוּר.

וְאָמַר: עִנְיַן הָאָדָם בָּעוֹלָם הַזֶּה כְּמוֹ חֲבֻרַת אֲנָשִׁים הִזְמִינָם
אִישׁ נִכְבָּד לֶאֱכוֹל עִמּוֹ וְשָׂם לִפְנֵיהֶם שֻׁלְחָן זָהָב וּכְלֵי זָהָב וָכֶסֶף
וְהָאֲנָשִׁים הָהֵם אֵין סָפֵק שֶׁבֵּינֵיהֶם פְּתָאִים וּבְנֵיהֶם מַשְׂכִּילִים.
הַפְּתָאִים הָהֵם חָשְׁבוּ שֶׁהַכֵּלִים הָהֵם הַנִּבְחָרִים לָהֶם בְּמַתָּנָה

305

310

315

---

308 נֵר...לִנְתִיבָתִי] תה' קיט קה

303 עַל] על שאר נק | גְּדוֹלָה] מרובה וגדולה עד מאד נ | כַּוָּנָה...304 בְּמוֹצְאִים] ובכונה נפשו כל הנמצאות נק | 304 סֵדֶר] בסדר נ | מְיֻחְסֶדֶת] מיוחדת נק 305 מְבוֹאָרִים] מבוארות נ | הָרָאוּי] הראויה נק | וְאֵינֶנּוּ...306 הִמְצִיאָם] ח' ק | 307 וְנִפְסְדוּ] ונפסד נק וְהָעֵרֶךְ] ח' ק | וּמַאֲמַר הֶחָכָם] והמשורר דוד הע"ה נ | הֶחָכָם] דוד ע' ה' ק | הַכַּוָּנָה... 308 הַזֹּאת] הכונה בזה הפסוק נ 309 כָּעִוֵּר] העור ק | נִכְבֶּדֶת] ונכבדת נ, ח' ק 310 אֶל הַסִּכְלוּת] לסכלות ק | וְתַיְשִׁירֵנִי] תעשירני נ 311 וְתַתִּירֵנִי] ח' נ וְתַתִּירֵנִי...312 לִלְקִיחָתָם] ח' ק | הָעִנְיָנִים] והענינים נ | וְהַשָּׁעָה וְהַזְּמַן] 312 והזמן והשעה נ 314 עִנְיַן] בענין ק | 315 עִמּוֹ] עמו בביתו נק | שֻׁלְחָן...וָכֶסֶף] שלחן של כסף ועליו כלי כסף וכלי זהב נ | זָהָב וָכֶסֶף] כסף ק 316 וּבְנֵיהֶם] ח' נ | מַשְׂכִּילִים] ומשכילים נ 317 הָהֵם[1] מהם נ, ח' ק | לָהֶם] יותנו להם נ, יותנו לפניהם ק

meal they would take them to their homes, while the wise ones knew that they would remain in the house of the hosts so other groups of people could eat with them. When the meal was over, the utensils were taken from the guests: the fools were astonished and dismayed, left with a depressed and saddened spirit, because they had thought that [the utensils] were theirs and they considered it the theft of their money and the stealing of their fathers' inheritance; however, the wise ones already knew this, and got used to the idea that the utensils had been taken from them, so they let it go and did not worry about that. And it happens that the fools left the table and went away angry and in a bitter and confused state of mind, while the wise ones left in a happy, calm, and faithful mood. Similar to this are the different groups of people in the world, as follows: some are foolish people who eat, drink, and are satiated with the nonsense of the world, as if it were an eternal legacy; but when they arrive at the day of death, their separation is very bitter; they worry because of the memory of the pleasures and delights that they are losing, and they die with a bitter and broken soul; and some are eminent people who notice the worthlessness of this despicable and repulsive [worldly] home, whose end is nothingness;

וְשֶׁאַחַר הָאֲכִילָה יוֹלִיכוּם עִמָּהֶם בְּבֵיתָם, וְהַמַּשְׂכִּילִים מֵהֶם יָדְעוּ שֶׁהֵם יִשָּׁאֲרוּ בְּבֵית הַמַּזְמִינִים יֹאכְלוּ בָּהֶם חֲבוּרוֹת אֲחֵרוֹת. וְכַאֲשֶׁר תַּמָּה הָאֲכִילָה נִלְקְחוּ הַכֵּלִים מִלִּפְנֵי הַקְּרוּאִים: וְהָיוּ הַפְּתָאִים מִשְׁתּוֹמְמִים וְנִבְהָלִים וְנִשְׁאָרִים בְּרוּחַ נְכֵאָה וְדוֹאֶגֶת כִּי הֵם כְּבָר חָשְׁבוּ שֶׁיִּהְיוּ שֶׁלָּהֶם וְהָיָה בְּעֵינֵיהֶם כִּגְזֵלַת מָמוֹנָם וּגְנֵיבַת יְרוּשַּׁת אֲבוֹתָם, וְהַמַּשְׂכִּילִים כְּבָר יָדְעוּ זֶה וּכְבָר הִשְׁקִיעוּ מַחְשְׁבוֹתָם עַל שֶׁהַכֵּלִים כְּבָר יוּסְרוּ מִלִּפְנֵיהֶם וְיַעַזְבוּם וּבְהִלָּקְחָם לֹא יִדְאֲגוּ עֲלֵיהֶם. וְהָיָה כְּצֵאת הַפְּתָאִים וְקוּמָם מֵעַל הַשֻּׁלְחָן בָּחֳרִי אַף וְנֶפֶשׁ מָרָה וּמִשְׁתּוֹמֶמֶת, וְצֵאת הַמַּשְׂכִּילִים בְּנֶפֶשׁ שְׂמֵחָה שׁוֹקֶטֶת וּבוֹטַחַת. כֵּן כְּתוֹת הָאֲנָשִׁים בְּעוֹלָמָם עַל הַדֶּרֶךְ הַזֹּאת: מֵהֶם כִּתּוֹת סְכָלוֹת יֹאכְלוּ וְיִשְׁתּוּ וְיִשְׂבְּעוּ מֵהַבְלֵי הַזְּמַן כְּאִלּוּ הֵם נַחֲלָה עוֹלָמִית, וּבְהַגִּיעָם לְיוֹם הַמָּוֶת תֵּמַר לָהֶם הַפְּרִידָה מְאֹד וְיִדְאֲגוּ עַל זִכְרוֹן הַתַּעֲנוּגִים שֶׁהֵם מְאַבְּדִים אוֹתָם וְעוֹזְבִים חֶמְדָּתָם, וְיָמוּתוּ בְּנֶפֶשׁ מָרָה וְנִשְׁבֶּרֶת; וּמֵהֶם כִּתּוֹת חֲשׁוּבוֹת יַבְחִינוּ פְּחִיתוּת הַמָּדוֹר הַזֶּה הַנִּבְזֶה וְהַנִּמְאָס וּגְרִיעוּת אַחֲרִיתוֹ,

---

318 יוֹלִיכוּם] ילכו **נק** | עִמָּהֶם] עמם **ק** | בְּבֵיתָם] בבתיהם **ב** **319** שֶׁהֵם יִשָּׁאֲרוּ] שישארו **ק** | הַמַּזְמִינִים] המזמינם **מ**, המזמנם **ב**, מזמינם **ק** | יֹאכְלוּ] ויאכלו **ב** **321** וְדוֹאֶגֶת] ח' **ק** **322** כְּבָר] ח' **נק** | שֶׁיִּהְיוּ] כי הם **ק** | בְּעֵינֵיהֶם...מָמוֹנָם] כגזילת ממונם בעיניהם **ב** כִּגְזֵלַת] כגילת **ק** | וּגְנֵיבַת...323 אֲבוֹתָם] ח' **ק** **323** יָדְעוּ] חשבו **ק** | הִשְׁקִיעוּ...324 מַחְשְׁבוֹתָם] השקיעה המחשבה **ק** **324** מַחְשְׁבוֹתָם] מחשבתם **ב** | וּבְהִלָּקְחָם...325 עֲלֵיהֶם] ולא ידאגו בהלקחם ולא נבהלו **ב** **325** יִדְאֲגוּ עֲלֵיהֶם] דאגו עליהם ולא נבהלו **ק** | וְהָיָה] ויהי **ב** | כְּצֵאת] בעת צאת **ב**, צאת **ק** | מֵעַל] מעס **ק** **326** וְנֶפֶשׁ] ובנפש **נק** | וּמִשְׁתּוֹמֶמֶת] ח' **ק** | בְּנֶפֶשׁ] הנפש **ק** **327** שׁוֹקֶטֶת] ח' **נק** | כֵּן] וכן **ב** | כִּתּוֹת הָאֲנָשִׁים] ענין האנשים האלה **ק** | עַל...328 סְכָלוֹת] ח' **ק** **328** הַזְּמַן] העולם הזה **ב** **329** עוֹלָמִית] עולמים **ק** תֵּמַר לָהֶם] הם מרי **ק** **330** שֶׁהֵם...וְעוֹזְבִים] שאבדו ועוזבים **ב**, שהם עוזבים אותם ומאבדים **ק** **331** מָרָה] מרה ונאנחה **ק** **332** הַנִּבְזֶה] ח' **נק** | וְהַנִּמְאָס] הנמאס **נק**

and when they feel that their soul is stuck one day in many pleasures and is full of thousands of instances of vanity and hostility, their heart softens and their understanding remains calm, because they will leave them the following day, and feel happiness for having had something for the time it lasted. And the sage said *today here, tomorrow in the grave*.[28] And this is the reason why they [i.e., eminent people] do not trust in staying with these vanities forever, and when they remember that they will be separated from them in the day of death, they will not moan or grieve over their separation, since they already knew it and had overcome it:[29] their thoughts are strongly fixed on [where] they are going, and they are quickly and easily consoled over the things they are being separated from.

And he said: a man in this world is like a knight in his tower, surrounded everywhere by a great king. The knight has in his room two paths to two places where he has put all his hope and interest: one leads to his treasure house and the other to his garden, and all his involvement and his pleasure reside in going to both places. The knight obtained greater pleasure in going to the garden, because of its plants, trees and the purity of

---

[28] Babylonian Talmud, *Berakhot* 33a.
[29] Literally: they made themselves large on knowing and examining it.

וּבְהַרְגִּישָׁם נַפְשָׁם הַיּוֹם שְׁקוּעָה בַּהֲמוֹן תַּעֲנוּגוֹת מְמוּלָּאָה בְּרְבָבוֹת הֲבָלִים וּתְנוּאוֹת, יֵרַךְ לְבָבָם תִּשְׁתּוֹמֵם דַּעְתָּם כִּי יַעַזְבוּם בְּמָחֳרָתָם וְלֹא תִּתְרַחֵק שִׂמְחָתָם בְּמַה שֶׁיַּחֲזִיקוּ בּוֹ בְּעֵת שֶׁיַּחְזִיקוּהוּ. וְאָמַר הֶחָכָם: "הַיּוֹם כָּאן וּמָחָר בַּקֶּבֶר". וִיהְיֶה זֶה סִבָּה שֶׁלֹּא יִשְׁקְעוּ בְּמַחְשְׁבְתָּם בְּטָחוֹן עַל הִשָּׁאֲרָם בְּאֵלּוּ הַהֲבָלִים בִּתְמִידוּת, וּבְזָכְרָם אוֹתָם בְּהִפָּרְדָם מֵהֶם בְּיוֹם הַמָּוֶת לֹא יֵאָנְחוּ וְלֹא יִדְאֲבוּ עַל עֲזִיבָתָם, כִּי הֵם כְּבָר יָדְעוּהָ וְגָדְלוּ עַל יְדִיעָתָהּ וּבְחִינָתָהּ, וְתִהְיֶה מַחְשַׁבְתָּם בְּמַה שֶּׁהֵם הוֹלְכִים אֵלָיו חֲזָקָה, וְהַנֶּחָמָה עַל מַה שֶּׁהֵם נִפְרָדִים מִמֶּנּוּ מְהִירָה וְנִקְלָה.

וְאָמַר: עִנְיַן הָאָדָם בָּעוֹלָם הַזֶּה כְּפָרָשׁ אֶחָד סוֹבֵב עָלָיו מֶלֶךְ גָּדוֹל וְהַפָּרָשׁ הַהוּא בְּמִגְדָּלוֹ מוּקָּף מִכָּל צַד. וּלְפָרָשׁ הַהוּא בְּחַדְרוֹ שְׁנֵי דְרָכִים לִשְׁנֵי מְקוֹמוֹת בָּהֶם כָּל תִּקְוָתוֹ וּמַעְיָנָיו: הָאֶחָד הוֹלֵךְ לְבֵית אוֹצָרוֹ וְהַשֵּׁנִי הוֹלֵךְ לְגַנּוֹ; וְכָל הִתְעַסְּקוּתוֹ וְתַעֲנוּגוֹתָיו בַּהֲלוֹךְ לִשְׁנֵי הַמְּקוֹמוֹת. וְהַפָּרָשׁ רָאָה הַתַּעֲנוּג הַהוּא בַּגַּן יוֹתֵר מִצַּד

336 הַיּוֹם...בַּקֶּבֶר] ת"ב ברכות לג א

333 בַּהֲמוֹן...מְמוּלָּאָה] ח' **ק** **334** וּתְנוּאוֹת] ח' **נק** | תִּשְׁתּוֹמֵם] ותשתומם **נ** | דַּעְתָּם] נפשם מדעתם **נק** | בְּמָחֳרָתָם] למחרתם **ק** **335** תִּתְרַחֵק] תחזק **נ**, תתחזק **ק** | בּוֹ] ח' **ק** בְּעֵת שֶׁיַּחְזִיקוּהוּ] ח' **נ** **336** יִשְׁקְעוּ] ישקיעו **ק** **337** בְּמַחְשַׁבְתָּם] מחשבותם **ק** | בְּטָחוֹן] בבטחון **ק** | הִשָּׁאֲרָם] האדם **ק** | בִּתְמִידוּת] ח' **ק** **338** בְּהִפָּרְדָם] ובהפרדם **נק** | יֵאָנְחוּ] ינאחו **נ** | יִדְאֲבוּ] ידאגו **נ**, יכאבו **ק** **339** וּבְחִינָתָהּ] ח' **ק** **340** מַחְשַׁבְתָּם] מחשבותם **ק** אֵלָיו] ח' **ק** | עַל מַה] במה **נק** **341** מְהִירָה וְנִקְלָה] נחלה ומהרה **נ**, נקלה ומהירה **ק** **342** בָּעוֹלָם הַזֶּה] בזה העולם **נ** | סוֹבֵב] חביב **נ**, סבב **ק** **344** לִשְׁנֵי] בשני **נק** | בָּהֶם] ובהם **נ** | וּמַעְיָנָיו] ומעיינו **נ**, ח' **ק** **345** הִתְעַסְּקוּתוֹ] התעסקו **ק** | בַּהֲלוֹךְ...346 הַמְּקוֹמוֹת] בגן **ק** **346** לִשְׁנֵי] שני אלה **נ** | וְהַפָּרָשׁ] והפרש ההוא **נק** | הַהוּא] הגדול **נ**, ח' **ק**

the air; so he started going to the garden frequently and forgot about his treasure house completely. When his servants and slaves realised that he had forgotten his treasure house, they stole from it a big portion every day, while the knight did not notice. And one day it happened that the king that was surrounding him deliberated to take his pleasure from him: the garden. So, the knight was left without [the possibility] of going there anymore, and had to remember out of necessity the path leading to the treasure house, since there was nothing else to find pleasure in and [nowhere else] to hide and forget his distress. When he went to the treasure house, he found it empty of silver, gold, and precious vessels, with the exception of worn copper and slags of iron and lead, so by no means could he use that to oppose the besieging king or to give it as a ransom, and he was left terrified and perplexed. Then, the king took him, put him in chains, and cast him into a cruel prison forever. This is similar to a man with regard to his body and his soul: if he is a fool, he will only make use of his body and its pleasures, which are the garden, without paying attention to wisdom, good deeds, and spiritual concerns, which are the treasure house, that will serve as eternal ransom and redemption. And when his end approaches and he dies, his garden will be lost forever, he will

צִמְחָיו וְאִילָנָיו וּזְכוּת אֲוִירוֹ וְהִתְמִיד הַהִלּוּךְ אֶל הַגַּן וְשָׁכַח בֵּית הָאוֹצָר מִכֹּל פָּנִים. וְכַאֲשֶׁר רָאוּ עֲבָדָיו וּמְשָׁרְתָיו שֶׁשָּׁכַח אוֹצָרוֹ, גָּנְבוּ מִן הָאוֹצָר גְּנֵבוֹת גְּדוֹלוֹת בְּכָל יוֹם וְהַפָּרָשׁ בִּלְתִּי יוֹדֵעַ. וְקָרָה לְיָמִים שֶׁהַמֶּלֶךְ הַסּוֹבֵב עָלָיו נִתְיַעֵץ לָקַחַת מִמֶּנּוּ בֵּית תַּעֲנוּגוֹתָיו, וְהוּא הַגַּן. וְנִשְׁאַר הַפָּרָשׁ בִּלְתִּי הוֹלֵךְ בַּדֶּרֶךְ הַהוּא עוֹד, וַיֵּשֶׁב בְּהֶכְרֵחַ לִזְכּוֹר הַדֶּרֶךְ הַהוֹלֶכֶת אֶל הָאוֹצָר לְפִי שֶׁאֵין זוּלָתָהּ לְהִתְעַנֵּג בָּהּ וּלְהִתְעַלֵּם לִשְׁכֹּחַ צָרָתוֹ. וְכַאֲשֶׁר הָלַךְ אֶל בֵּית הָאוֹצָר מְצָאוֹ רֵיק מִכֶּסֶף וְזָהָב וּמִכֵּלִים יְקָרִים לְבַד בִּלְוֵיי נְחוּשָׁה וְסִיגֵי בַּרְזֶל וְעוֹפֶרֶת, אִי אֶפְשָׁר לוֹ בְּשׁוּם פָּנִים לְהֵעָזֵר בָּהֶם מוּל הַמֶּלֶךְ הַמַּקִּיפוֹ אוֹ לְתִתָּם פִּדְיוֹנוֹ, וְנִשְׁאַר נִבְהַל וְנָבוֹךְ. וּלְקָחוֹ הַמֶּלֶךְ וַאֲסָרוֹ בִּנְחֻשְׁתַּיִם וַיְשִׂימֵהוּ בְּכֶלֶא [ב103] אַכְזָר לְעוֹלָמִים. כֵּן עִנְיַן הָאָדָם אֵצֶל גּוּפוֹ וְנַפְשׁוֹ וְשֶׁהוּא אִי אֶפְשָׁר לוֹ שֶׁיִּשְׁתַּמֵּשׁ בִּהְיוֹתוֹ סָכָל כִּי אִם גּוּפוֹ וְתַעֲנוּגוֹתָיו שֶׁ[הֵ]ם הַגַּן, וְלֹא יָשִׁית לֵב לֹא לְחָכְמָה וּלְמַעֲשִׂים וּלְעִנְיָנִים [נַפְשִׁיִּים] שֶׁהֵם הָאוֹצָר אֲשֶׁר יַעַמְדוּ לוֹ כּוֹפֶר וּפִדְיוֹן לְעוֹלָם. וְכַאֲשֶׁר יַגִּיעַ קִצּוֹ וְיָמוּת, יֹאבַד גַּנּוֹ הָעוֹלָמִים וְיִזְכּוֹר אוֹצָרוֹ וּמַעֲשָׂיו וְיִמְצָאֵם בִּלְתִּי מַסְפִּיקִים לִהְיוֹת

347 בֵּית] ח' **נק** **348** מִכֹּל פָּנִים] ח' **ק** **349** גְּדוֹלוֹת] גדולות ועצומות **ק** | וְהַפָּרָשׁ... יוֹדֵעַ] ח' **ק** | יוֹדֵעַ] יודע וכל ידיעתו ושמירתו ייחר בגן **ב** **350** הַסּוֹבֵב] היה סובב **ב** | עָלָיו] אליו **ק** | נִתְיַעֵץ] ותיעץ **ב** | תַּעֲנוּגוֹתָיו] תענוגיו **נק** **351** בַּדֶּרֶךְ...עוֹד] עוד בדרך ההוא **נק** וַיֵּשֶׁב] וישב **נק** **352** לְפִי שֶׁאֵין] כי אין **נק** **353** לְהִתְעַנֵּג בָּהּ] ח' **ק** | בָּהּ] ח' **ב** | וּלְהִתְעַלֵּם] להתעלם **ק** **354** לְבַד] מלבד **ב** **355** בַּרְזֶל וְעוֹפֶרֶת] עופרת **ק** | לוֹ] ח' **ק** | מוּל] ח' **ק** **356** אוֹ... פִּדְיוֹנוֹ] ח' **ק** | פִּדְיוֹנוֹ] לפדיונו **ב** | וְנִשְׁאַר] ויותר **ב** | נִבְהַל וְנָבוֹךְ] נבוך ונבהל **נק** **358** וְשֶׁהוּא] שהוא **נק** | אִי] ח' **ב** | לוֹ] ח' **ק** **359** גּוּפוֹ] בצרכי גופו **נק** | וְתַעֲנוּגוֹתָיו] ותענוגיו **ב** | שֶׁהֵם] שם **אמ**, שהוא **ב**, שהן **ק** | לֵב] לבו **ב** | לֵב...360 לֹא] ח' **ק** **360** לֹא] ח' **ב** | וּלְמַעֲשִׂים] למעשים הטובים **ב** | נַפְשִׁיִּים] מ' **ב**, הנפשיים **ק** **361** וְיָמוּת] למות **ב**, ח' **ק** | גַּנּוֹ] גופו **ב** **362** הָעוֹלָמִים] ח' **ב**, העולמי **ק** | וְיִמְצָאֵם] ומצאם **נק**

remember his treasure and deeds, and will find them insufficient to serve as random for his soul. Then, the anger of the Creator, may He be blessed, will tower above him and punish him bitterly and eternally. This thing is clear.

And he said: the world according to different groups of people is like a pleasant orchard whose owner usually waters it once a day from a water spring, and that irrigation [alone] is enough and suitable, because such a quantity is beneficial to the plants, but more than that is harmful. So he did every day: one irrigation per day, for more than that is harmful. One day, the owner of the orchard had to go to do something and asked his son to water the garden, but he did not tell him the frequency, time, quantity, and measure of the irrigation. The son came to think that since irrigation is good and beneficial for the plants, they would dry out in short time without it, and that is why they need it and it is beneficial. So, he went to the orchard in the morning and watered it very generously until all the plants were covered by water. One hour later, he came back and gave it another prodigal watering, and thus he did all day until the evening. In the evening, the father came back and found the orchard damaged by so much water, the plants dragging and soft, the trees limp, their roots uprooted, and the good and

כּוֹפֵר נַפְשׁוֹ. וְיַשְׁלִיט עָלָיו כַּעַס הַבּוֹרֵא יִתְ[בָּרֵךְ] וְיַעֲנִישֵׁהוּ הָעוֹנָשִׁים הַמָּרִים עוֹנֶשׁ נִצְחִי. וְזֶה הָעִנְיָן מְבוֹאָר.

וְאָמַר: מְשַׁל הָעוֹלָם אֵצֶל כִּתּוֹת הָאֲנָשִׁים כְּפַרְדֵּס נָאֶה יִנְהַג בְּעָלָיו שֶׁיַּשְׁקֵהוּ בְּכָל יוֹם מִמַּעְיַן הַמַּיִם פַּעַם אַחַת וְתִהְיֶה הַהַשְׁקָאָה הַהִיא שָׁוָה מְמוּצַּעַת כִּי הַשּׁוֹוִי מִמֶּנָּה יוֹעִיל לַצְּמָחִים וְהַמּוּתָּר יַזִּיק. וְכָךְ לֹא נָהַג לְהַשְׁקוֹתוֹ כִּי אִם הַשְׁקָאָה אַחַת בְּיוֹם כִּי הַשְׁקָאָתוֹ יוֹתֵר יַזִּיקֵהוּ גַּם כֵּן. וְיוֹם אֶחָד הָלַךְ בַּעַל הַפַּרְדֵּס לַעֲסָקָיו וְצִוָּה בְּנוֹ לְהַשְׁקוֹת אֶת הַגַּן וְלֹא תֵּיאֵר לוֹ אוֹפְנֵי הַהַשְׁקָאָה וְלֹא זְמַנָּהּ וְכַמּוּתָהּ וְשִׁיעוּרָהּ. וַיָּבוֹא הַבֵּן וַיַּחְשׁוֹב אַחַר שֶׁהַהַשְׁקָאָה מוֹעִילָה לַצְּמָחִים כָּל זֶה הַתּוֹעֶלֶת עַד שֶׁהֵם יִיבְשׁוּ בִּמְעַט זְמַן זוּלָתָהּ הִיא כֵּן צְרִיכָה לָהֶם וּמוֹעִילָה. וַיֵּלֶךְ לַפַּרְדֵּס בַּבֹּקֶר וַיַּשְׁקֵהוּ הַשְׁקָאָה עֲצוּמָה עַד הִתְכַּסּוּת כָּל הַצְּמָחִים מַיִם. וַיָּבוֹא אַחַר כֵּן כְּשָׁעָה וַיָּשׁב לְהַשְׁקוֹתוֹ הַשְׁקָאָה גְּדוֹלָה בְּיוֹתֵר, וְכֵן תָּמִיד כָּל הַיּוֹם הַהוּא עַד הָעֶרֶב. וּבָעֶרֶב בָּא הָאָב וַיִּמְצָא הַפַּרְדֵּס מְקוּלְקָל מֵרוֹב הַמַּיִם וְהַצְּמָחִים בְּלוּיִים וּנְמוּחִים וְהָאִילָנוֹת נִרְקְבוּ

363 וְיַשְׁלִיט] וישלוט **נק** | יִתְבָּרֵךְ] ח' **נק** **365** מְשַׁל הָעוֹלָם] משל האנשים בעולם הזה **ב** נָאֶה] נאה ומשובח **ב** **366** בְּעָלָיו] בעל הפרדס **ב** | מִמַּעְיַן הַמַּיִם] ח' **ק** **367** שָׁוָה] ח' **נק** מִמֶּנָּה] ח' **ק** **368** וְכָךְ] וכן **מ** | וְכָךְ...369 כֵּן] ח' **נק** **370** לְהַשְׁקוֹת] שישקה **נק** | אֶת] ח' **נק** **371** וְכַמּוּתָהּ וְשִׁיעוּרָהּ] ושיעורה וכמותה **ב** **372** זֶה] כך **ב** | הַתּוֹעֶלֶת] תועלת **ב** יִיבְשׁוּ] יתיבשו **ק** **373** הִיא] ח' **נק** | כֵּן] אם כן **נק** | לָהֶם] להם מאד **ב** | וּמוֹעִילָה] מועילה **מ**, ח' **ב** | וַיֵּלֶךְ...374 בַּבֹּקֶר] מה עשה? השכים בבקר והלך אל הפרדס **ק** לַפַּרְדֵּס...374 בַּבֹּקֶר] בבקר בפרדס **ב** **374** וַיַּשְׁקֵהוּ] וישקה **ק** | מַיִם] ח' **ק** **375** וַיָּשׁב] שב **ב** | גְּדוֹלָה בְּיוֹתֵר] יותר גדולה **ב**, עצומה עד התכסות כל הצמחים **ק** **376** הַהוּא] ח' **ב** וּבָעֶרֶב] ח' **ק** | בָּא] ויבא **ק** | וַיִּמְצָא] ומצא **ב** **377** וּנְמוּחִים] ח' **נק**

fertilised land had lost its fatness, leaving [the sand and the earth crusted and bad to the point that they were unfit for sowing]. The father then found the son, got very angry at him, and gave him an exceptional beating. Similar to this are the needs and assets of this world in relation to different kinds of people: there is one [kind] that uses the [world] as necessary in order to sustain the body healthily, taking [just] the needed measure of food, sleep, and sexual intercourse [at the proper time] and for the right duration, without which the body couldn't function. [But there are also foolish people who think of eating and other pleasures,] since they are necessary, like this: the more they have of them, the better the body will grow and the more life will be prolonged; and [they] use these hollow things constantly and all the time, taking exaggerated quantities, which cause grave diseases and the shortening of life; their souls are unable to worship God, and after death they are blamed for having corrupted their two allotments. Then, the Creator, may He be blessed, will punish them with exceptional torments, and they will end up, after that, in the abyss.

וְשָׁרְשֵׁיהֶן נֶעֶקְרוּ וְהָאֲדָמָה הַטּוֹבָה הַמְזוּבֶּלֶת אָבַד שׁוּמְנָהּ, וְנִשְׁאֲרוּ [הַחוֹל וְהֶעָפָר נְגוּבִים, רָעִים עַד שֶׁאֵינָם רְאוּיִים לִזְרִיעָה]. הָאָב זֶה מָצָא בְּנוֹ וְנִתְקַצֵּף עָלָיו וַיַּכֵּהוּ הַכָּאוֹת מְשׁוּנּוֹת. כֵּן צָרְכֵי זֶה הָעוֹלָם וְקִנְיָנָיו אֵצֶל כִּתּוֹת הָאֲנָשִׁים: מֵהֶם מִי שֶׁיִּשְׁתַּמֵּשׁ בּוֹ בְּשָׁעוֹת הַהֶכְרֵחִיּוֹת לְהַעֲמִיד גּוּפוֹ בִּבְרִיאוּת וְיִקַּח הַשִּׁעוּרִים הַמּוּכְרָחִים מִן הַמָּזוֹן וְהַשֵּׁינָה וְהַמִּשְׁגָּל [בְּשָׁעוֹת יְדוּעוֹת] וּבַזְּמַנִּים הַמּוֹעִילִים שֶׁאִי אֶפְשָׁר לַגּוּף זוּלַת זֶה. [וּמֵהֶם סְכָלִים יַחְשְׁבוּ שֶׁהָאֲכִילָה וּשְׁאָר הַהֲנָאוֹת] בְּשׁוּם הֶכְרֵחִיּוּת אַחַר שֶׁאִי אֶפְשָׁר זוּלָתָם [יִהְיֶה] רוֹב הַכַּמּוּת מֵהֶם יוֹתֵר מוֹעִיל וְיוֹתֵר רָאוּי בְּהַשְׁמָנַת הַגּוּף וְהַאֲרָכַת [הַיָּמִים], וְיִשְׁתַּמֵּשׁ בְּאֵלּוּ [הַהֲבָלִים] שִׁמּוּשׁ מַתְמִיד [בְּכָל זְמַן] וְיִקְחוּ מֵהֶם הַשִּׁעוּרִים הַמּוּפְלָגִים, וְיִהְיֶה סִבָּה לַתַּחֲלוּאִים הַגְּדוֹלִים וְקִצּוּר יָמָיו, וְלֹא תְּשַׁלֵּם הַנֶּפֶשׁ בַּעֲבוֹדַת הַבּוֹרֵא וְיִתָּפֵשׂ אַחַר מוֹתוֹ בְּמַה שֶּׁקִּלְקֵל שְׁנֵי חֲלָקָיו. וַיַּעֲנִישֵׁהוּ הַבּוֹרֵא יִתְ[בָּרֵךְ] בַּיִּסּוּרִין הַמְּשׁוּנִּים וְאַחַר כָּךְ יֵלֵךְ אֶל הָאֲבַדּוֹן.

---

378 וְשָׁרְשֵׁיהֶן] שרשיהם **נק** | נֶעֶקְרוּ] ח' **נק** | הַטּוֹבָה] ח' **ק** | אָבַד] אבדה **ק** **379** הַחוֹל...לִזְרִיעָה] מ' **ב**, החול והעפר רעים לזריעה **ק** | הָאָב...380 עָלָיו] וישמר האב הזה התקצף על בנו **ב**, והאב התקצף על בנו **ק** **380** מְשׁוּנּוֹת] משונות וגדולות **ב**, גדולות ומשונות **ק** | זֶה] ח' **נק** **381** מִי...בּוֹ] שישתמשו בהם **ב** **382** הַהֶכְרֵחִיּוֹת] הכרחיות **ק** הַשִּׁעוּרִים] הדברים **נק** **383** וְהַשֵּׁינָה] והשינה והשתיה **ק** | בְּשָׁעוֹת יְדוּעוֹת] מ' **נק** וּבַזְּמַנִּים הַמּוֹעִילִים] ואלו הם המקיימים את הפרדס קיום ארוך **ב** | שֶׁאִי] ואי **ב** **384** זֶה] זה ואלו הם המקיימים את הפרדס קיום ארוך **ק** | וּמֵהֶם...385 הַהֲנָאוֹת] מ' **נק** **385** בְּשׁוּם הֶכְרֵחִיּוּת] החכרחיות **נק** | שֶׁאִי...זוּלָתָם] ח' **ב** | יִהְיֶה] מ' **נק** **386** רָאוּי] ראוי ושאי אפשר זולתם **ב** | וְהַאֲרָכַת...387 הַיָּמִים] ח' **ק** **387** הַיָּמִים] מ' **ב** | וְיִשְׁתַּמֵּשׁ] וישתמשו **נק** בְּאֵלּוּ] באלה **ק** | הַהֲבָלִים] מ' **נק**, ההבדלים **אמ** | בְּכָל זְמַן] מ' **נק** **388** וְיִהְיֶה] ויהיה זה **ב** | לַתַּחֲלוּאִים] להחלאת גופם **ב**, לחליים **ק** | הַגְּדוֹלִים] ח' **נק** **389** יָמָיו] ימים **מ**, ימיהם **נק** | הַנֶּפֶשׁ] נפשם **נק** | אַחַר] אחרי **ק** **390** שְׁנֵי חֲלָקָיו] ח' **ק** | וַיַּעֲנִישֵׁהוּ] ויענש **נק** הַבּוֹרֵא יִתְבָּרֵךְ] ח' **נק** **391** וְאַחַר כָּךְ] ח' **נק** | יֵלֵךְ...הָאֲבַדּוֹן] וילך לאבדון **נק**

And he said: [this is] the case of a perfect man whose relatives cry over his death. In a certain city, there was, among the members of a family, a rich and respected man with a good reputation, who was always ready to protect his family and help them in different matters, as far as his honour, ability, intelligence, and common sense [would allow it]; and the members of the family were proud of him and exalted him. It happened that the king ruling that area heard of the virtue and wisdom of this man and decided to appoint him governor to lead another kingdom very distant and different from his homeland, exchanging his own people for the people [of the new land], who were a great and respected people with integrity and distinguished traditions; so there was no doubt that governing them and living among them was an enormous honour and a great achievement. When he received the king's order to leave for that land, he became extremely distressed over separating from his family without having any idea of the great honour that he was about to receive, so he departed overcome with worry and anger. But when he then ruled over that kingdom and realised the honour and the value [in it], he forgot his people and his land, was overcome with the happiness that came to him as a result of his exalted position, and began to praise his lord, the king. But the

וְאָמַר: עִנְיַן הָאָדָם כַּאֲשֶׁר יִבְכּוּהוּ אוֹהֲבָיו בְּמוֹתוֹ וְהוּא שָׁלֵם. מִשְׁפָּחָה הָיְתָה בְּעִיר אַחַת וּבֵין אֲנָשֶׁיהָ אִישׁ נִכְבָּד וְהוּא עָשִׁיר וּבַעַל שֵׁם מָגֵן לְמִשְׁפַּחְתּוֹ מְזוּמָּן לְהוֹעִילָם בְּעִנְיָנִים רַבִּים אִם מִצַּד כְּבוֹדוֹ אִם מִצַּד יְכָלְתּוֹ וְאִם מִצַּד שִׂכְלוֹ וְטוּב עֲצָתוֹ, וְאַנְשֵׁי הַמִּשְׁפָּחָה מִתְפָּאֲרִים בּוֹ וּמְנַשְּׂאִים עִנְיָנוֹ. וַיִּזְדַּמֵּן שֶׁהַמֶּלֶךְ הַמּוֹלֵךְ עַל הָאַקְלִים הַהוּא שָׁמַע מַעֲלַת זֶה הָאִישׁ וְחָכְמָתוֹ, וַיִּוָּעֵץ הַמֶּלֶךְ לְתִתּוֹ מוֹשֵׁל מַנְהִיג עַל מַלְכוּת אַחַת רְחוֹקָה מִמְּדִינַת [מוֹלַדְתּוֹ דֶּרֶךְ רַב] יַגִּיעַ מִשִּׁיעוּר מֶרְחָק תַּכְלִית, חִלּוּף וְשִׁנּוּי בֵּין אוּמּוֹתֶיהָ וְאוּמּוֹת אַרְצוֹ, אֶלָּא שֶׁהֵם אוּמּוֹת גְּדוֹלוֹת וְנִכְבָּדוֹת, בַּעֲלֵי יוֹשֶׁר, וּבַעֲלֵי מַנְהִיגִים חֲשׁוּבִים: אֵין סָפֵק שֶׁהַמֶּמְשָׁלָה עֲלֵיהֶם וְהִתְגּוֹרֵר בְּתוֹכָם כָּבוֹד מוּפְלָג וְתוֹסֶפֶת עָלוּי. וְכַאֲשֶׁר הִגִּיעַתְהוּ מִצְוַת הַמֶּלֶךְ לָלֶכֶת בָּאָרֶץ הַהִיא, חָרָה לוֹ עַד מָוֶת לְהַפְרִידוֹ מֵאַנְשֵׁי חֲבוּרָתוֹ וְלִהְיוֹתוֹ בִּלְתִּי מְשָׁעֵר הַכָּבוֹד שֶׁעָתִיד לְהַגִּיעוֹ, וַיְהִי לֶכְתּוֹ בִּדְאָגָה וּבְזַעַף. וְכַאֲשֶׁר הָלַךְ וּמָשַׁל עַל מַלְכוּת וּבָחַן הַכָּבוֹד וְהַתּוֹעֶלֶת, שָׁכַח עַמּוֹ וְאַרְצוֹ וְנִשְׁקַע בְּשִׂמְחָה שֶׁהִגִּיעַתְהוּ מִן [א104] הַשּׁוֹלְטָנוּת הַהוּא הַמְּעוּלָּה, וּמַתְחִיל לְשַׁבֵּחַ הַמֶּלֶךְ

392 עִנְיַן] שענין **ב** | כַּאֲשֶׁר יִבְכּוּהוּ] שיבכוהו **ק** **393** מִשְׁפָּחָה] כמו משפחה **נק** | אִישׁ] היה איש **ב** | נִכְבָּד] נכבד חשוב בעמו **נק** | וְהוּא] והוא היה **ב** **394** שֵׁם] שם חשוב **ק** לְמִשְׁפַּחְתּוֹ] לכל משפחתו **ב** | מְזוּמָּן] ומזומן **נק** | לְהוֹעִילָם] להלעילם **ק** **395** אִם[2]] ואם **נק** | שִׂכְלוֹ...עֲצָתוֹ] עצתו וטוב שכלו **ב** **396** מִתְפָּאֲרִים] מתפארין **ק** | בּוֹ] בו ובגדולתו **ב**, בגדלו **ק** | וּמְנַשְּׂאִים עִנְיָנוֹ] ח' **ק** | וַיִּזְדַּמֵּן] ונזדמן **ק** **397** הָאַקְלִים] האיקלים **ק** | הַהוּא] ח' **ק** **398** מַלְכוּת אַחַת] מדינה **ב** **399** מוֹלַדְתּוֹ...רַב] מ' **ב**, מולדתו **ק**, ממלכתו **אמ** | יַגִּיעַ] ויגיע **ב** | חִלּוּף וְשִׁנּוּי] ושנוי חלוף **ק** **401** יוֹשֶׁר] יושר ונכבדים **ב** | וּבַעֲלֵי] ח' **ק** | מַנְהִיגִים] מנהגים **מנ**, ומנהגים **ק** | אֵין...עֲלֵיהֶם] ח' **ק** **402** עָלוּי] עילוי **ב** **403** מָוֶת] מאד **ב** לְהַפְרִידוֹ] להפרדו **ב** **404** חֲבוּרָתוֹ] חברתו **נק** | וְלִהְיוֹתוֹ] ח' **ק** | וַיְהִי] ויהיה **ק** **405** בִּדְאָגָה] בכעס **ב** | מַלְכוּת] המלכות **נק** **406** שֶׁהִגִּיעַתְהוּ] שהגיעתו **ב** **407** הַשּׁוֹלְטָנוּת] השלמות **ב** | וּמַתְחִיל] והתחיל **נק**

members of his family remained scared and moaning, since he was so far away that they never knew or heard anything about him again. There is no doubt, therefore, that this is [what] separation [means]: even if it is beneficial for the respected man, the family prefers him to have less honour and to remain with them over any high position while he is far from them; and this is due to the fact that they will not benefit from his honour or his wisdom. Similar is the perfect man when it is his time to die: there is no doubt that he is worried on the brink of departure when [the time] has not yet arrived and is beginning to arrive; but when it finally happens, he will be submerged in boundless pleasure for the great dignity he has come to, far away from his family without knowing anything more about them, [and his family remains very fearful and moaning, for they had him as a great profit] and are unable to imagine what he will receive. They [remain] greatly harmed on account of the troubles caused by his separation and his being taken away from them; for [he was] the one bringing them strength, warding off disasters, protecting them from harm, and honouring them forever and ever.[30]

---

[30] Literally: as long as the sun remains in the heaven.

אֲדוֹנָיו. וְאַנְשֵׁי מִשְׁפַּחְתּוֹ נִשְׁאֲרוּ נִבְהָלִים וְנֶאֱנָחִים לְפֵירוּדוֹ מֵאֲשֶׁר הוּא לָרוֹב רָחֳקוֹ לֹא יָדְעוּ עוֹד כֵּן לֹא שָׁמְעוּ עוֹד שְׁמָעוֹ לְעוֹלָם. הִנֵּה אֵין סָפֵק שֶׁזֹּאת הַפְּרִידָה, וְאִם הִיא תּוֹעֶלֶת אֵצֶל הַנִּכְבָּד הַהוּא, הִנֵּה יִהְיֶה יוֹתֵר מוֹעִילָם מְעַט כְּבוֹדוֹ וְהוּא עִמָּהֶם מִכָּל מַעֲלָתוֹ הַגְּבוֹהָה וְהוּא רָחוֹק מֵהֶם, כָּל זֶה הַשִּׁיעוּר כִּי הֵם לֹא יוֹעִילֵם עוֹד כְּבוֹדוֹ וְחָכְמָתוֹ. כֵּן הַשָּׁלֵם בְּעֵת פְּטִירָתוֹ אֵין סָפֵק בְּדַאֲגָתוֹ בִּקְצָת עַל הַפְּרִידָה לִהְיוֹת עֲדַיִין בִּלְתִּי מַגִּיעַ אֲבָל מַתְחִיל לְהַגִּיעַ אֵלָיו, וְכַאֲשֶׁר הִגִּיעַ אֵלָיו נִשְׁקַע בְּתַעֲנוּג אֵין חֵקֶר לוֹ מִצַּד הַמַּעֲלָה הַיַּתִּירָה שֶׁהִגִּיעַ אֵלֶיהָ בְּרָחֳקוֹ מֵאוֹהֲבָיו וְהוּא בִּלְתִּי יוֹדֵעַ בָּהֶם [מְאוּמָה, וְאוֹהֲבָיו נִשְׁאָרִים בְּתַכְלִית הַבֶּהָלָה וְהָאֲנָחָה וְהֵם בְּיִתְרוֹן חֲשָׁבוּהוּ], שֶׁיְּקַבֵּל בִּלְתִּי מְשַׁעֲרִים כְּלָל. וְהֵם שְׂבֵעִים הַנְּזָקִים מֵחֶסְרוֹן פְּרִידָתוֹ וְהִלָּקַח מֵעִמָּהֶם, מִי שֶׁהָיָה מֵבִיא גְּבוּרוֹתָם וְדוֹחֶה רְעוֹתָם וְעוֹמֵד נֶגֶד אוֹיְבֵיהֶם וּמְכַבְּדָם נֶגֶד הַשֶּׁמֶשׁ.

408 מִשְׁפַּחְתּוֹ] משפחתו בראותם **ק** | נִבְהָלִים] נבדלים **ק** | נִבְהָלִים וְנֶאֱנָחִים] נאנחים ונדאגים **ב** | לְפֵירוּדוֹ] לפירוד **ב** | מֵאֲשֶׁר...409 הוּא] ח' **נק** **409** רָחֳקוֹ] רחוקו **נק** לֹא[1]...לְעוֹלָם] כי לא שמעו עוד את שמעו **ב**, שלא שמעו עוד לעולם שמעו **ק** **410** הִנֵּה] והנה **ק** | הִיא] הוא **ב** | תּוֹעֶלֶת] עלוי ותועלת **נק** | הַנִּכְבָּד] החשוב **נק** **411** הַהוּא] ההו **ק** יִהְיֶה] היה **ב**, הוא **ק** **412** הַגְּבוֹהָה] וגבוהה **ק** | הֵם] הוא **ב** **413** וְחָכְמָתוֹ] וחכמתו אבל ישתעו ממכאוב פרידתו **ב** **414** לִהְיוֹת] להיותו **נק** | מַגִּיעַ] מגיע לכבוד **נק** **416** אֵלֶיהָ] אליו **ק** | מֵאוֹהֲבָיו] מצד אוהביו **ב** | וְהוּא...417 מְאוּמָה] ח' **ק** **417** מְאוּמָה...418 חֲשָׁבוּהוּ] מ' **נק**, עוד מאומה **אמ** **418** שֶׁיְּקַבֵּל] שקבל **נק** | כְּלָל] ח' **ב** **419** הַנְּזָקִים] הנזקים הגדולים **נק** | מִי] מה **ק** **420** גְּבוּרוֹתָם] כבודם **ק** | וְדוֹחֶה רְעוֹתָם] ח' **ק** | רְעוֹתָם] רעותיהם **ב**

And he said about a certain woman, the daughter of eminent people, that her husband died during his pleasant years and during his youth. That man was good towards God and mankind, amassed great wisdom in a few days, and [accrued many] honourable and great deeds in a short time; he did not deceive children in their childhood or young men in their youth, but gathered the virtues of old people, became very exalted in matters of intelligence, and followed the path of every upright person. When the man died, his wife, due to her great bitterness and fear, was utterly seized by suspicion of the order, the direction, and the supervision of those who judge the classes of people and those who lead the world of the lower creatures, as if she considered [his death a matter of] injustice and unfairness. She would go crying and lamenting to houses of learning and gatherings of rabbis, [asking whether] the judgment required [the death of a young man who never committed a sin or dwelt on idleness during his youth], and looking for an explanation, since it is supposed that the pursuit of integrity, fear of God, and perseverance in studying [Torah] prolong the lives of people; as in the saying of the great philosopher: *wisdom preserves the life of him who possesses it*,[31] and the meaning of this is that it will prolong his life beyond the natural limits or that it will prevent accidental death due to external causes until the

---

[31] Eccl. 7.12.

וְאָמַר שֶׁאִשָּׁה אַחַת מִבְּנוֹת הַחֲשׁוּבִים מֵת בַּעֲלָהּ בְּנוֹעַם שְׁנוֹתָיו וּבְאֶמְצָעוּת זְמַן בַּחֲרוּתוֹ. וְהָיָה הָאִישׁ הַהוּא טוֹב לַשָּׁמַיִם וְלַבְּרִיּוֹת וְקִבֵּץ בִּמְעַט יָמִים חָכְמָה הַרְבֵּה וּבִזְמַן קָצָר מַעֲשִׂים גְּדוֹלִים הֲגוּנִים וְלֹא רִמָּה הַנְּעוּרִים בִּנְעוּרָיו וְלֹא הַבַּחוּרִים בְּבַחוּרָיו, אֲבָל מִדּוֹת הַיְשִׁישִׁים אָסַף וְנִתְעַלָּה מְאֹד בָּעִנְיָנִים הַמּוּשְׂכָּלִים וּבָא בְּמַדְרֵגַת כָּל שָׁלֵם. וּבְמוֹת הָאִישׁ וַתִּשָּׁאֵר אִשְׁתּוֹ מֵרוֹב מְרִירוּתָהּ וּבֶהָלָתָהּ נִצֶּבֶת בְּתַכְלִית הַחֲשַׁד [עַל הַסֵּדֶר וְהַהַנְהָגָה] וְהַהַשְׁגָּחָה [מִשּׁוּפְטֵי] הַכִּתּוֹת [וּמַנְהִיגֵי] עוֹלָם הַשְּׁפָלִים, כְּאִלּוּ חָשְׁבָה הֶעְדֵּר הַמִּשְׁפָּט וְהַיּוֹשֶׁר. וְהָיְתָה הוֹלֶכֶת בְּבָתֵּי הַמִּדְרָשׁוֹת וַאֲסוּפּוֹת הָרַבָּנִים בּוֹכָה וּמְיַילֶּלֶת מַה הַדִּין הַמְחַיֵּיב [מוֹת אִישׁ בָּחוּר אֲשֶׁר לֹא חָטָא וְלֹא פָּנָה לְבַטָּלָה רֶגַע מֵרְגָעָיו וְרַכּוּת שָׁנָיו וְנוֹעַם זְמַנּוֹ], וְשֶׁיּוֹדִיעוּהָ הַסִּבָּה בְּזֶה אַחַר שֶׁיְּדוּמֶּה שֶׁרְדִיפַת הַיּוֹשֶׁר וְיִרְאַת הָאֱלֹקִים וּשְׁקִידַת הַלִּמּוּד יַאֲרִיכוּ חַיֵּי הָאֲנָשִׁים כְּמַאֲמַר גָּדוֹל הַפִּלוּסוֹפִים "וְהַחָכְמָה תְּחַיֶּה בְעָלֶיהָ". וּרְצוֹן הַדָּבָר הַזֶּה שֶׁתַּאֲרִיךְ חַיָּיו חוּץ לִגְבוּלָם הַטִּבְעִי אוֹ שֶׁתִּמְנַע הַמִּיתָה מִקְרִית הַבָּאָה מִן הַסִּבּוֹת אֲשֶׁר מִחוּץ עַד שֶׁיִּשְׁלַם גֶּדֶר

434 וְהַחָכְמָה...בְּעָלֶיהָ] קה' ז יב

421 שֶׁאִשָּׁה] כי אשה **ק** | הַחֲשׁוּבִים] הגדולים והחשובים **נ** **422** זְמַן בַּחֲרוּתוֹ] זמנו **נ** **424** גְּדוֹלִים] ח' **ק** | רִמָּה] רמה אל **ק** | הַנְּעוּרִים] הנערים **נק** | וְלֹא[2]] ולא אל **ק** **425** בְּבַחוּרָיו] בבחרותו **ק** **426** הָאִישׁ] זה האיש **נ** | אִשְׁתּוֹ] האשה אשתו **נ** **427** מְרִירוּתָהּ] מרירות **ק** | עַל...428 וְהַהַנְהָגָה] מ' **נ**, על הסדר **ק** **428** וְהַהַשְׁגָּחָה] והשגחת **ק** | מִשּׁוּפְטֵי] מ' **נ**, השופטים **אמק** | וּמַנְהִיגֵי] מ' **נ**, והמנהיגים **אמק** **429** וְהַיּוֹשֶׁר] ח' **נק** | וְהָיְתָה] ותהי **נק** **430** הַמִּדְרָשׁוֹת] מדרשות **נק** **431** הַמְחַיֵּיב] מחייב **נק** | מוֹת... 432 זְמַנּוֹ] מ' **נ**, מות האיש הבחור אשר לא פנה לבטלה רגע מרגעיו ולא חטא ברכות שניו ונועם זמנו **ק** **433** הָאֱלֹקִים] השם **נ**, אלהים **ק** | וּשְׁקִידַת הַלִּמּוּד] והשקידה בלמוד **נק** **435** הַזֶּה] בזה **נ** **436** הַמִּיתָה מִקְרִית] המות המקרית **נק**

natural conditions are met to complete his existence; but [we have seen] that this is not what happened; on the contrary, it shortened a man's days and killed him prematurely. The rabbis leading the gatherings were shocked by her words, which silenced them, and she would not stop shouting at them with these words until one of the greatest sages paid attention to her and considered her issue. He took her with his right hand and brought her to a nearby orchard where there was a fig tree with many branches and many figs, some of them thin and some of them thick. He told her: "Look, my daughter, at this fig tree and its many fruits; [note that some are thin and some are thick], and note that of the thick ones, some are ripe and some are not, and the same is true of the thin ones." While he was talking to her, the owner of the fig tree was picking the figs, and the sage told her: "Look, my daughter, which figs is he picking?" The woman said: "I see that he is picking the ripe ones and leaving the others." The sage replied: "My daughter, do you see if he is differentiating between the thick and the thin ones while picking?" She answered: "No sir, but I see that he is picking the ripe ones, whether they are thick or not." Then the sage said: "My daughter, the fig tree is this world; its owner is the Creator, may He be blessed; the picker of figs is the will of God; his

הַמֶּזֶג עַל תַּכְלִית מַה שֶׁהוּא אֶפְשָׁר עָלָיו מִן הַקִּיּוּם, וְלֹא דַּי שֶׁלֹּא תַּעֲשֶׂה זֶה אֲבָל תִּקְצַר הַיָּמִים וְתָמִית הָאָדָם בְּלֹא עִתּוֹ. וְהָיוּ הָרַבָּנִים בַּעֲלֵי הָאֲסוּפוֹת נִבְהָלִים לִשְׁמֹעַ דְּבָרֶיהָ מַחֲרִישִׁים לְעוּמָּתָם וְהִיא לֹא תָּסוּר מִזְּעוֹק אֲלֵיהֶם בַּדְּבָרִים הָאֵלֶּה עַד שֶׁשָּׁמַע אוֹתָהּ אֶחָד מִמְּעוּלֵּי הַחֲכָמִים וְהִתְבּוֹנֵן בִּדְבָרֶיהָ. וַיִּקָּחֶהָ בִּימִינוֹ וַיְּבִיאֶהָ אֶל פַּרְדֵּס קָרוֹב מִשָּׁם וּבוֹ תְּאֵנָה רַבַּת הָעֲנָפִים וּבָהּ תְּאֵנִים רַבּוֹת מֵהֶם דַּקּוֹת וּמֵהֶם גַּסּוֹת. וַיֹּאמֶר לָהּ: הַבִּיטִי בִּתִּי אֶת הַתְּאֵנָה וְרִבּוּי פֵּירוֹתֶיהָ [וּרְאִי כִּי מֵהֶם גַּסּוֹת וּמֵהֶם דַּקּוֹת], וּרְאִי גַּם כֵּן כִּי הַגַּסּוֹת מִמֶּנָּה מֵהֶן מְבוּשָּׁלוֹת וּמֵהֶן בִּלְתִּי מְבוּשָּׁלוֹת וְכֵן הַדַּקּוֹת. וְהָיָה בַּעַל הַתְּאֵנָה לוֹקֵט הַתְּאֵנִים בִּהְיוֹת דְּבָרָיו עִמָּהּ, וַיֹּאמֶר לָהּ הֶחָכָם: הִסְתַּכְּלִי בִּתִּי אֵיזֶה מִן הַתְּאֵנִים יִלְקוֹט? וַתַּעַן הָאִשָּׁה: אֶרְאֵהוּ לוֹקֵט הַמְּבוּשָּׁלוֹת וּמַנִּיחַ זוּלָתָם. אָמַר הֶחָכָם: בִּתִּי, תִּרְאִי שֶׁיֶּשְׁיִם הֶפְרֵשׁ בִּלְקִיטָתוֹ בֵּין הַגַּסּוֹת וְהַדַּקּוֹת? עֲנָתְהוּ: לֹא אֲדוֹנִי אֲבָל אֲנִי רוֹאָה שֶׁיִּלְקוֹט הַמְּבוּשָּׁלוֹת יִהְיוּ דַּקּוֹת אוֹ בְהֶפֶךְ. אָז הֱשִׁיבָהּ הֶחָכָם: בִּתִּי, הַתְּאֵנָה הִיא הָעוֹלָם, וּבְעָלָיו הוּא

---

437 שֶׁהוּא אֶפְשָׁר] שאיפשר **ב** | דַּי] די לו **נק** **438** תִּקְצַר] ותקצר **ק** **439** בַּעֲלֵי] ובעלי **נק** | לִשְׁמֹעַ דְּבָרֶיהָ] ח' **ק** **440** לְעוּמָּתָם] לעומתה **ב**, לעמתה **ק** | אֲלֵיהֶם] עליהם **ק** **441** שֶׁשָּׁמַע] ששמעה **ב** | אוֹתָהּ] ח' **נק** | מִמְּעוּלֵּי הַחֲכָמִים] מן החכמים המעולים **ב**, מהחכמים **ק** | בִּדְבָרֶיהָ] בדברים **ק** **442** וַיְּבִיאֶהָ] ח' **ק** | וּבוֹ] ובה **ק** | תְּאֵנָה] תאנה גבוהה **נק** **443** מֵהֶם...גַּסּוֹת] מהם גסות ומהם דקות **ב** | הַבִּיטִי בִּתִּי] בתי הביטי וראי **ב** אֶת] ח' **נק** **444** הַתְּאֵנָה] התאנה הזאת **נק** | וּרְאִי[1]...דַּקּוֹת] מ' **ב**, וראי כי מהם דקות ומהם גסות **ק** **445** מִמֶּנָּה] ח' **ב** **448** הָאִשָּׁה] האשה ותאמר **ק** | אָמַר הֶחָכָם] אמר לה החכם **נק** | הֶחָכָם] החריש **ק** **449** תִּרְאִי] ח' **ב**, התראי **ק** | שֶׁיֶּשְׁיִם] אם ישים **ב** | הַגַּסּוֹת וְהַדַּקּוֹת] הדקות והגסות **נק** | עֲנָתְהוּ] השיבה **ב** **450** אֲדוֹנִי] ח' **נק** | אֲנִי רוֹאָה] ח' **נק** | שֶׁיִּלְקוֹט] ילקוט **נק** | יִהְיוּ] היו **ק** | יִהְיוּ...451 בְּהֶפֶךְ] הן דקות הן גדולות **ב** **451** אָז] ח' **נק** | הִיא] ח' **ב** | הָעוֹלָם] העולם הזה **ב** | וּבְעָלָיו] ובעליה **נק** | הוּא] היא **ק**

providence is the judges; men are the figs; the thin ones are the children and the thick ones are the elderly; the ripe ones are the God-fearing and the eminent; while the unripe ones are those detested by God and the wicked; and the will of God, may He be blessed, is to bring to him those perfect human beings, old and young, in order to remove them *from dwelling in the tents of crime*[32] and sin. As the picker [of figs] would choose the ripe [regardless of its being thin or thick, and as he would choose] the thin so long as it is riper, so how much more will God collect the young man before the old if he is more complete, *even if both are equally good.*[33] For this reason, my daughter, accept the judgment of God, because there is no point in questioning it." The woman then replied: "*God has done justice, and I am*[34] worthy of contempt— I surrender."

And he said: the relationship of a man with his soul, his world, the corporeal passions, the [faculty of] discernment of the intellect that renounces them, and the world to come that he is aiming at is similar to a ship with its sailors, the captain, the favourable and unfavourable winds, and the desired place the ship wants to reach. The soul of the man is the ship, kept straight by the business of commerce and trade; this world is like the huge and stormy sea that endangers the crew; the soul

---

[32] An allusion to Ps. 84.11.
[33] Eccl. 11.6.
[34] An allusion to Exod. 9.27.

הַבּוֹרֵא יִתְ[בָּרֵךְ], וְהַלּוֹקֵט הַתְּאֵנִים הוּא רְצוֹן הַבּוֹרֵא, וְהַשְׁגָּחָת[וֹ הֵם] הַשּׁוֹפְטִים, בְּנֵי אָדָם [הֵם הַתְּאֵנִים], וְהַדַּקּוֹת הֵם הַיְּלָדִים וְהַגַּסּוֹת הֵם הַזְּקֵנִים, וְהַמְּבוּשָּׁלוֹת הֵם הַיְּרֵאִים וְהַחֲשׁוּבִים וְהַבִּלְתִּי מְבוּשָּׁלוֹת הֵם שְׂנוּאֵי ה' וְהָרְשָׁעִים, וּרְצוֹן ה' יִתְ[בָּרֵךְ] [ב104] לְהָבִיא אֵלָיו הַשְּׁלֵמִים מִבְּנֵי אָדָם וְלַהֲסִירָם מִדּוּר בְּאָהֳלֵי פֶּשַׁע וְחַטָּאָה יִהְיוּ זְקֵנִים אוֹ בַּחוּרִים. כְּמוֹ שֶׁיִּלְקוֹט זֶה הַמְּבוּשָּׁלוֹת [יִהְיוּ דַּקּוֹת אוֹ גַּסּוֹת, וּכְמוֹ שֶׁזֶּה הַלּוֹקֵט בִּרְאוֹת הַדַּקָּה וְהַגַּסָּה מְבוּשָּׁלוֹת], יִבְחַר הַדַּקָּה בִּהְיוֹתָהּ מְבוּשֶּׁלֶת יוֹתֵר, כֵּן יֶאֱסוֹף הָאֱלֹקִים אֵלָיו [הַבָּחוּר] טֶרֶם הַזָּקֵן בִּהְיוֹתוֹ יוֹתֵר שָׁלֵם וְאִם שְׁנֵיהֶם כְּאֶחָד טוֹבִים. עַל כֵּן בָּתֵּי הַצַּדִּיקִי מִשְׁפְּטֵי הַבּוֹרֵא כִּי אֵין לַחְקוֹר עֲלֵיהֶם. וַתַּעַן הָאִשָּׁה וַתֹּאמֶר: ה' הַצַּדִּיק וַאֲנִי הַבְּזוּיָה הַנִּכְנַעַת.

וְאָמַר: עִנְיַן הָאָדָם אֵצֶל נַפְשׁוֹ וְעוֹלָמוֹ וְהַתַּאֲווֹת הַגַּשְׁמִיּוֹת וּבְחִינַת הַשֵּׂכֶל הַמְּרַחֶקֶת אוֹתָם וְהָעוֹלָם הַבָּא אֲשֶׁר אֵלָיו מְגַמָּתוֹ הוּא עַל דֶּרֶךְ מָשָׁל כְּמוֹ הַסְּפִינָה עִם מַלָּחֶיהָ וְרַב הַחוֹבֵל וְהָרוּחוֹת הַמַּזִּיקוֹת וְהַמּוֹעִילוֹת וּמְחוֹז חֶפְצָהּ אֲשֶׁר אֵלָיו מְגַמַּת הַסְּפִינָה: וְתִהְיֶה נֶפֶשׁ הָאָדָם כְּמוֹ הַסְּפִינָה וְהַמְּכֻוָּן מִמֶּנָּה הוּא עִנְיָנֵי

---

456 מִדּוּר...פֶּשַׁע] תה' פד יא **460** וְאִם...461 טוֹבִים] קה' יא ו **462** ה'...וַאֲנִי] שמ' ט כז

---

452 יִתְבָּרֵךְ] ח' **נק** | רְצוֹן הַבּוֹרֵא] רצונו **ב** **453** הֵם[1]] מ' **נק** | בְּנֵי אָדָם] בני אדם ובני אדם **ב** | הֵם הַתְּאֵנִים] מ' **נק** | וְהַדַּקּוֹת] והתאנים הדקות **ב** | הַיְּלָדִים] הבחורים **ב** **454** וְהַמְּבוּשָּׁלוֹת] והמבושלים **ק** | הַיְּרֵאִים וְהַחֲשׁוּבִים] החשובים ויראי השם **ב**, יראי חטא **ק** **455** ה'[1]] השם **ק** | וְהָרְשָׁעִים] ח' **ק** | ה'[2]] השם **ב**, הבורא **ק** | יִתְבָּרֵךְ] ח' **נק** **456** פֶּשַׁע] רשע **נק** **457** זְקֵנִים...בַּחוּרִים] בחורים או זקנים **נק** | יִהְיוּ[2]...459 מְבוּשָּׁלוֹת] מ' **נק** **458** בִּרְאוֹת] בראותו **ק** **460** הָאֱלֹקִים אֵלָיו] אליו האלהים **ק** | הַבָּחוּר] מ' **מנק** **461** הַצַּדִּיקִי] הצדיקים **ק** **462** ה'] יי **מק** | וַאֲנִי] ואני האשה **ב**, ואנכי **ק** | הַנִּכְנַעַת] והנכנעת **ב** **463** אֵצֶל] אצל עצמו **ק** **465** הַסְּפִינָה] הספינה בים **נק** **467** וְתִהְיֶה] כן **נק** | כְּמוֹ] הוא **ק** | הוּא] היא **ק** | עִנְיָנֵי] ח' **ב**

[in the world] is like the ship on the sea; the forces that emanate from the soul are the sailors manning the ship; the [faculties of] discernment and choice of the soul are the captain; the corporeal passions that cause the soul to fail are the headwind against the ship that brings it to trouble and danger; the conventional passions for the sustenance of the body that are needed to achieve the completion of the soul, and the intellectual [passions] that bring the soul to success, are the favourable winds that bring the ship to the desired place; the matters of belief and error that the soul might crash against are [like] outcroppings of hidden rocks in the sea, with which, if the ship collides, it will be broken up and will not arrive at the desired place; and the world to come, which is the place toward which the soul inclines, is the island or the land that the ship has before it. Then, as the ship's fate[35] depends on moving away from them [i.e., the hidden rocks] according to the wisdom and the expertise of the captain: it [i.e., the ship] will succeed if he knows how to handle it properly with regard to the winds, the ebb of the sea, and the rest of the things; so is the fate of the soul dependent on distancing and leading itself by the faculty of choice and by what adds honour and splendour to the human soul, which is the [faculty of] discernment with regard to conventional things—which are good and [which are] bad—as

---

[35] The literal translation is 'downfall, ruin', which poses a difficulty of interpretation.

הַמִּסְחָר וְהָרְכוּלוֹת; וְהָעוֹלָם הַזֶּה כְּמוֹ הַיָּם הַגָּדוֹל הַסּוֹעֵר הַמְּסַכֵּן רוֹכְבוֹ; וְהַנֶּפֶשׁ בּוֹ כְּמוֹ הַסְּפִינָה בַּיָּם; וְהַכֹּחוֹת הַמִּתְפָּרְדוֹת מִן הַנֶּפֶשׁ כְּמוֹ הַמַּלָּחִים הַמַּנְהִיגִים הַסְּפִינָה; וְהָיְתָה הַבְּחִינָה וְהַבְּחִירָה בַּנֶּפֶשׁ כְּמוֹ רַב הַחוֹבֵל; וְהָיוּ הַתַּאֲווֹת הַגַּשְׁמִיּוֹת הַמְּסִיתוֹת הַנֶּפֶשׁ לְהַכְשִׁילָהּ הֵם הָרוּחוֹת הַמִּתְנַגְּדוֹת מַהֲלַךְ הַסְּפִינָה וּמְנִיעָה אוֹתָהּ אֶל הַשִּׁבָּרוֹן וְהַסַּכָּנָה; וְהָיוּ הַתַּאֲווֹת הַמְּפוּרְסָמוֹת הַצְּרִיכוֹת לְקִיּוּם הַגּוּף בַּעֲבוּר תִּשְׁלַם הַנֶּפֶשׁ, וְכֵן הַמּוּשְׂכָּלוֹת אֲשֶׁר בָּהֶם הַצְלָחָתָהּ, הֵם הָרוּחוֹת הָעוֹזְרוֹת לַסְּפִינָה הַמַּגִּיעוֹת אוֹתָהּ אֶל מְחוֹז הַחֵפֶץ; וְהָיוּ עִנְיְנֵי הָאֱמוּנוֹת וְהַשִּׁבּוּשִׁים אֲשֶׁר אֶפְשָׁר הִכָּשֵׁל הַנֶּפֶשׁ בָּהֶם הֵם נְקִיקֵי הַסְּלָעִים הַטְּמוּנִים בַּיָּם אִם תִּפְגּוֹשׁ אוֹתָם הַסְּפִינָה תִּשָּׁבֵר וּלְמְחוֹז חֶפְצָהּ לֹא תַּגִּיעַ; וִיהְיֶה הָעוֹלָם הַבָּא שֶׁהוּא הַמָּחוֹז אֲשֶׁר מְגַמַּת הַנֶּפֶשׁ אֵלָיו הִיא הָאִי אוֹ הַמְּדִינָה אֲשֶׁר מַהֲלַךְ הַסְּפִינָה נִכְחוֹ. וּכְמוֹ שֶׁכָּל כִּשְׁלוֹנוֹת הַסְּפִינָה תְּלוּיָה בְּהַרְחָקָתָם בְּיַד רַב הַחוֹבֵל לְפִי חָכְמָתוֹ וּבְקִיאוּתוֹ, וְאָז תִּצְלַח אִם יֵדַע לְהַנְהִיגָהּ כָּרָאוּי אִם בְּרוּחוֹת אִם בְּשֵׁפֶל הַיָּם וּשְׁאָר הָעִנְיָנִים, כֵּן כָּל כִּשְׁלוֹנוֹת הַנֶּפֶשׁ תִּתְלֶה הַרְחָקָתָם

---

469 רוֹכְבוֹ] רוכביו **נק** | כְּמוֹ...470 הַמַּנְהִיגִים] ח' **ק** **470** הַמַּנְהִיגִים] המנהגים **ב** הַבְּחִינָה...471 וְהַבְּחִירָה] הבחירה והבחינה **ק** **471** וְהַבְּחִירָה] ח' **ב** | וְהָיוּ הַתַּאֲווֹת] והתאוות **נק** | הַגַּשְׁמִיּוֹת] העולמיות **נק** **472** הַמִּתְנַגְּדוֹת] המנגדות **ק** **473** וּמְנִיעָה] ומביאות **ק** | הַשִּׁבָּרוֹן וְהַסַּכָּנָה] הסכנה ולפעמים אל השברון **ב** | וְהָיוּ הַתַּאֲווֹת] והתאוות **נק** **475** הֵם] עם **ק** | הָעוֹזְרוֹת לַסְּפִינָה] המוליכות הספינה **ק** | לַסְּפִינָה] אל הספינה **ב** **476** הַמַּגִּיעוֹת] המניעות **ב**, המוניעות **ק** | מְחוֹז] מקום **ב** | הַחֵפֶץ] חפצה **נק** | וְהָיוּ עִנְיְנֵי] ועניני **ק** **478** אִם] הם אם **ב**, שאם **ק** | וִיהְיֶה] והיה **ב**, ח' **ק** **479** הָעוֹלָם] והעולם **ק** שֶׁהוּא] אשר הוא **ק** | הִיא] והוא **ב** | הָאִי אוֹ] ח' **ב** **480** מַהֲלַךְ] מגמת מהלך **ב** **481** בְּהַרְחָקָתָם] הרחקתם **נק** | חָכְמָתוֹ] רוב חכמתו **ב** **482** תִּצְלַח] תצלח הספינה **ב**, תצליח הספינה **ק** | בְּרוּחוֹת...483 הָעִנְיָנִים] בשבילי הים או ברוחות ושאר הסכנות **ב** בְּשֵׁפֶל] בשבילי **ק**

well as with regard to intellectual things—which are truth and which, falsehood. This [leads to] a man's conduct being pleasing [to God] and his enemies' reconciliation with him, which is [due to] the choice of what is good or not regarding conventional and intellectual things; and the choice of what is proper for the soul to succeed in the world will bring it to the complete light, which is the world to come, as implied in the saying of the true philosopher *when a man's ways please God, He will turn his enemies into allies.*[36] The value of this dictum [consists in its stating] that when a man's ways are good and proper, such that [God] is pleased with him—meaning that he has achieved purity with regard to the discernment that he is capable of—this will be followed by his adversaries' reconciliation with him, which is the result of divine aid. And this thing is clear.

And he said: the difference between solitude and perfecting one's deeds, i.e. spiritual activity, and sensual activity from the point of view of their outcomes is that the pleasure and the purpose attained by the senses is brief, momentary, and immediately forgotten; but the pleasure from wisdom and intellectual understanding is far-reaching; for the more one engages in it, the more pleasure and enjoyment one's soul obtains; and it is not dissipated with time, but rather remains and increases, such

---

[36] Prov. 16.7.

וְהַנְהָגָתָם בְּיַד כֹּחַ הַבְּחִירָה, וְהַמּוֹסִף לְכָבוֹד וּלְתִפְאֶרֶת בַּנֶּפֶשׁ הָאֱנוֹשִׁית וְהוּא הַבְּחִינָה בַּמְּפוּרְסָמוֹת שֶׁהֵם הַנָּאֶה וְהַמְּגוּנֶּה וּבַמּוּשְׂכָּלוֹת וְהֵם הָאֱמֶת וְהַשֶּׁקֶר. וְהוּא הִתְרַצּוּת דַּרְכֵי הָאִישׁ וְהַשְׁלָמַת אוֹיְבָיו, שֶׁהוּא בְּחִירַת מַה שֶׁיָּאוּת אוֹ לֹא יָאוּת בַּמְּפוּרְסָם וּבַמּוּשְׂכָּל, וּבְחִירַת הַנָּאוֹת לָעוֹלָם מַה שֶּׁתַּצְלִיחַ בּוֹ הַנֶּפֶשׁ לְהַגִּיעַ אֶל הָאוֹר הַשָּׁלֵם וְהוּא הָעוֹלָם הַבָּא, הָרָמוּז בְּמַאֲמַר הַפִּילוֹסוֹף הָאֲמִתִּי "בִּרְצוֹת ה' דַּרְכֵי אִישׁ גַּם אוֹיְבָיו יַשְׁלִים אִתּוֹ". זְכוּת הַמַּאֲמָר הַזֶּה כְּשֶׁדַּרְכֵי אִישׁ הֵם נְאוֹתִים וְטוֹבִים עַד שֶׁיִּרְצֵהוּ [הָאֵל], וְהוּא בּוֹאוֹ לִיטָּהֵר מִצַּד בְּחִינָתוֹ אֲשֶׁר הוּא בְיָדוֹ, אָז תִּהְיֶה הַשְׁלָמַת הַמִּתְנַגְּדִים שֶׁהוּא הַסִּיּוּעַ הָאֱלֹקִי. וְזֶה מְבוֹאָר.

וְאָמַר: הַהֶבְדֵּל בֵּין הִתְבּוֹדְדוּת וְכִשְׁרוֹן הַפְּעָלִים שֶׁהֵם פְּעוּלַּת הַנֶּפֶשׁ [וּ]בֵין פְּעוּלַּת הַחוּשִׁים מִצַּד תַּכְלִיּוֹתֵיהֶם הוּא [כִּי] הַתַּעֲנוּג וְהַתַּכְלִית [הַמּוּשָּׂג] מִן הַחוּשִׁים [קָצָר] מוּשָּׂג לִשְׁעָתוֹ נִשְׁכַּח תֵּכֶף, וְהַתַּעֲנוּג מִן הַחָכְמָה וְהַשָּׂגַת הַשֵּׂכֶל הוּא תַּעֲנוּג נִכְבָּד, כָּל עוֹד שֶׁיִּרְבּוּ מִמֶּנּוּ יוֹסִיף תַּעֲנוּג וְנוֹעַם בַּנֶּפֶשׁ, וְלֹא יִפְקֹד זְמַן

---

490 בִּרְצוֹת...אִתּוֹ] מש' טז ז

---

484 בְּיַד כֹּחַ] בכח **נ** | וְהַמּוֹסִף] המוסף **ק** | וְהַמּוֹסִף לְכָבוֹד] ח' **נ** **485** וְהוּא] והיא **נק** **486** וְהֵם] הם **ק** | הָאִישׁ] איש **נק** **487** אוֹיְבָיו] אויבו **ק** | בְּחִירַת] בחינת **ק** | לֹא] מה שלא **ק** **488** שֶׁתַּצְלִיחַ] שלא תצליח **ק** **489** בְּמַאֲמַר] ח' **ק** **490** הָאֲמִתִּי] ח' **נ**, הנביא **ק** ה'] יי **מק** **491** זְכוּת הַמַּאֲמָר] והכונה במאמר **נ**, והנה המאמר **ק** | אִישׁ] האיש **נק** שֶׁיִּרְצֵהוּ] שירצם **ק** **492** הָאֵל] מ' **נק** | בּוֹאוֹ] בא **נק** | לִיטָּהֵר] לטהר **נק** **493** שֶׁהוּא] ח' **ק** | הָאֱלֹקִי] האלהי **מק** **494** הִתְבּוֹדְדוּת] ההתבודדות **נק** | וְכִשְׁרוֹן] וכשלון **ק** **495** פְּעוּלַּת[1]] פעולות **נק** | וּבֵין] מ' **נק**, בין **אמ** | פְּעוּלַּת[2]] פעולות **נ** | כִּי] מ' **נק** **496** הַמּוּשָּׂג] מ' **נק**, המונע **אמ** | קָצָר] מ' **נק** **497** נִשְׁכַּח] ישכח **נ** | וְהַתַּעֲנוּג] והתענוג המושג **נק**

that it can only be achieved after effort and exertion arising from burdensome study, as is clear to him who has considered it. And it is appropriate to compare this to a king who ordered the workmen to build a palace suitable for a king to live in, and the king did not have any house to live in, but the house that was under construction. These workmen would take their pay every day and consume it in the same day until the completion of the building. While this palace-house was being built, the king was sad because the palace was full of many tools, quick-lime, and sand, together with the humidity of the [recent] construction, the blowing of the winds, and the absence of a roof, [which resulted in] *heat during the day and cold at night.*[37] When the work was completed, the workers were dismissed without anything left of their payment, while the king entered the house with honour and happiness, [organising] feasts, and inviting people and governors to celebrate. There is no doubt that all the troubles and hardship that [the king] suffered were in the expectation of a [future] pleasure, so he happily tolerated them, and through them he gained great physical pleasure; and he would go from wing to wing, from court to court, from garden to garden, and from room to room. And so, conventional pleasure based on sensations is the pleasure of the workers, which always expires. However, the suffering of the king while the palace was being built is like the suffering of students when

---

[37] Jer. 36.30.

אֲבָל יִשָּׁאֵר וְיִתְחַזֵּק, עַד שֶׁהוּא לֹא יוּשַּׂג כִּי אִם אַחַר צַעַר וְנֶזֶק מְטוֹרַח הַלִּמּוּד, כְּמוֹ שֶׁהוּא מְבוֹאָר לְמִי שֶׁיִּבְחָנֵהוּ. וְרָאוּי שֶׁיּוּתַּן הַדִּמְיוֹן הַזֶּה כְּמוֹ שֶׁיּוּתַּן הַמֶּלֶךְ אֲשֶׁר צִוָּה הָאוּמָּנִים לִבְנוֹת [א105] אַרְמוֹן רָאוּי לְמִשְׁכַּן הַמְּלָכִים וְאֵין לַמֶּלֶךְ בֵּית לִשְׁכּוֹן בּוֹ עַד הִשָּׁלֵם הַמְּלָאכָה זוּלַת הַבַּיִת הַנִּבְנֶה. וְהִנֵּה הָאוּמָּנִים הַבּוֹנִים אוֹתוֹ הֵם יִקְחוּ שְׂכָרָם בְּכָל יוֹם וְיֹאכְלוּהוּ בְּיוֹמוֹ עַד כְּלוֹת הַבִּנְיָן. וְכָל עוֹד שֶׁזֶּה הָאַרְמוֹן הַבַּיִת [נִבְנֶה], [הַמֶּלֶךְ] בְּצַעַר מֵרוֹב הַכֵּלִים וְהַסִּיד וְהַחוֹל שֶׁהָאַרְמוֹן מָלֵא מֵהֶם, עִם לַחוּת הַבִּנְיָן וּנְשִׁיבַת הָרוּחוֹת, וְגָלוּי הַגַּגּוֹת חוֹרֵב בַּיּוֹם וְקֶרַח בַּלַּיְלָה. וְכַאֲשֶׁר נִשְׁלְמָה הַמְּלָאכָה נִפְטְרוּ הַפּוֹעֲלִים, וְאֵין לָהֶם זִכְרוֹן בְּמַה שֶּׁרָוְוחוּ, וְהַמֶּלֶךְ נִכְנַס בַּבַּיִת בְּכָבוֹד וְשִׂמְחָה וּמִשְׁתֶּה וּקְרִיאַת אֲנָשִׁים וְשָׂרִים וְחוֹגְגִים. וְאֵין סָפֵק שֶׁכָּל הַטְּרָחִים וְהַנְּזָקִים אֲשֶׁר סְבָלָם לְתִקְוָה מִזֶּה הַתַּעֲנוּג אָהַב לְסָבְלָם וְשָׂמַח בָּהֶם, וִיקַבֵּל מִמֶּנּוּ הַתַּעֲנוּג הַמְּפוּרְסָם הַגָּדוֹל, וְיֵלֵךְ מִבַּיִת לְבַיִת, מֵחָצֵר לְחָצֵר, מִגַּן לְגַן, וּמֵחֶדֶר לְחֶדֶר. וְכֵן הַתַּעֲנוּג הַמְּפוּרְסָם וְהַמּוּשָּׂג מִן הַהַרְגָּשׁוֹת הוּא

507 חוֹרֵב...בַּלַּיְלָה] יר' לו ל

499 עַד] עם **נק** | אִם] ח' **ק** | וְנֶזֶק] ונזק עצום **נק** **500** לְמִי] אצל מי **ק** | שֶׁיִּבְחָנֵהוּ] שיבחננו **ק** | שֶׁיּוּתַּן] שיובחן **נ** **501** הַזֶּה] בזה **נק** | שֶׁיּוּתַּן] שיתן **נ**, ח' **ק** **502** רָאוּי] אשר ראוי **נ** | הַמְּלָכִים] המלכי **ק** | בֵּית] בית ראוי **נק** | לִשְׁכּוֹן] שישכון **ק** **504** יוֹם] ערב **נק** וְיֹאכְלוּהוּ] ויאכלו **נ** | בְּיוֹמוֹ] ביומם **ק** **505** הָאַרְמוֹן] הבנין והארמון **נ** | הַבַּיִת] ח' **נק** נִבְנֶה] מ' **נק** | הַמֶּלֶךְ] מ' **נק** | הַכֵּלִים] הכלים ומרוב האבנים **נ** **506** וּנְשִׁיבַת] ונדיבות **ק** הָרוּחוֹת] רוחות **מנק** **508** שֶׁרָוְוחוּ] שעשו **ק** **509** בַּבַּיִת] לבית **ק** | וְשִׂמְחָה] ובשמחה **נ** **510** הַטְּרָחִים וְהַנְּזָקִים] הנזקים והטרחים **נ** **511** הַתַּעֲנוּג[1]] התענוג אשר **מ**, הרבה התענוג **נ**, ח' **ק** | הַתַּעֲנוּג[2]] זה התענוג **נק** **512** הַגָּדוֹל] ח' **נק** | וְיֵלֵךְ] ילך **נק** | מֵחָצֵר] ומחצר **נ** מֵחָצֵר לְחָצֵר] ח' **ק** | מִגַּן לְגַן] ח' **נ**, ומגן אל גן **ק** **513** וּמֵחֶדֶר] מחדר **מ** | הַמְּפוּרְסָם] ח' **נק** | וְהַמּוּשָּׂג] המושג **נק**

they are studying; and his happiness at the completion [of the building] is like the eternal happiness of the sage in the pleasure of [going from] composition to composition, from book to book, and from science to science. And that is the intention of the poet who says *I have seen that all things have their limit, but Your commandment is broad beyond measure*:[38] [*I have seen that all things have their limit*] is an indication of the activity [of the senses, whereas *Your commandment is broad beyong measure* is an indication of] the pleasure derived from wisdom, because there "commandment" applies to intellectual opinions which the perfect man commands to be believed.

And he said: when folly in knowing God, may He be blessed, is combined with frequent fits of passion and the habit of finding pleasures—and [when] these two are joined by the most destructive cause for making perfect men fall, which is the seduction of Satan, called the evil inclination—then the possessor [of these bad traits] will reap destruction and disregard as consolation from this world, because folly in knowing God is the cause of departing from virtues, as much as knowing God is the cause of dedication to worship and fear Him. This man is similar to a man walking a road on a night so dark that he cannot discern the way; and besides that, a strong rain falls,

---

[38] Ps. 119.96.

תַּעֲנוּג הַפּוֹעֲלִים הָאָפֵס תָּמִיד. וְטוֹרַח הַמֶּלֶךְ בְּהִבָּנוֹת הָאַרְמוֹן הוּא טוֹרַח הַמִּ[תְ]לַמְּדִים בְּעֵת לִמּוּדָם, וְשִׂמְחָתוֹ אַחַר הִבָּנוֹתוֹ הִיא שִׂמְחַת הֶחָכָם הַקַּיֶּמֶת לְעוֹלָם מִתַּעֲנוּג מֵחִבּוּר אֶל חִבּוּר, מִסֵּפֶר אֶל סֵפֶר, מֵחָכְמָה אֶל חָכְמָה. וְהִיא כַּוָּנַת הַמְשׁוֹרֵר בְּאוֹמְרוֹ "לְכָל תִּכְלָה רָאִיתִי קֵץ רְחָבָה מִצְוָתְךָ מְאֹד". [לְכָל תִּכְלָה רָאִיתִי קֵץ] רוֹמֵז בְּזֶה אֶל פְּעוּלַּת [הַחוּשִׁים, רְחָבָה מִצְוָתְךָ מְאֹד, רוֹמֵז אֶל זֶה] הַתַּעֲנוּג הַמּוּשָּׂג מִן הַחָכְמָה, כִּי שָׁם מִצְוָה נוֹפֵל עַל הַדֵּעוֹת הַשִּׂכְלִיּוֹת שֶׁיְּצַוֶּה הַשָּׁלֵם אֶל הָאֲמָנָתָם.

וְאָמַר: כַּאֲשֶׁר הִתְחַבְּרָה הַסִּכְלוּת בִּידִיעַת ה' יִתְ[בָּרֵךְ] עִם הִזְדַּמְּנוּת הַתַּאֲווֹת וּרְגִילוּת מְצִיאוּת הַתַּעֲנוּגִים, וְהִתְחַבֵּר לִשְׁנֵיהֶם הַסִּבָּה הַמַּכְאֶבֶת הָרִאשׁוֹנָה בְּהֶפְסֵד הַשְּׁלֵמִים וְהִיא הַדָּחַת הַשָּׂטָן הַנִּקְרָא יֵצֶר הָרַע, הִנֵּה אָז יְשַׁלֵּם בִּבְעָלָיו הַהֶפְסֵד וְהַהִתְרַשְּׁלוּת מִן הַנֶּחָמָה לְעוֹלָם, כִּי הַסִּכְלוּת בִּידִיעַת ה' סִבָּה לִיצִיאָה מִן הַתְּכוּנוֹת הַטּוֹבוֹת כְּמוֹ שֶׁיְּדִיעַת הָאֵל סִבָּה הַהִשְׁתַּקְּעוּת בַּעֲבוֹדָתוֹ וְיִרְאָתוֹ. וְהָיָה הָאִישׁ הַזֶּה כִּדְמוּת אָדָם הוֹלֵךְ בְּדֶרֶךְ בְּלַיְלָה חֲשׁוּכָה עַד שֶׁיֵּעָלְמוּ מִמֶּנּוּ הַדְּרָכִים, וְקָרָה לוֹ עִם זֶה מָטָר סוֹחֵף יִהְיֶה סִבָּה

517 לְכָל...518 מְאֹד] תה' קיט צו

515 הַמִּתְלַמְּדִים] מ' **נק**, המלמדים **אמ** | הִיא] הוא **ב** **516** מִתַּעֲנוּג] מתענג **נק** | אֶל חִבּוּר] לחבור **ק** | מִסֵּפֶר] ומספר **ב** **517** וְהִיא] והוא **נק** **518** רְחָבָה...מְאֹד] ח' **ק** **519** הַחוּשִׁים...זֶה] מ' **נק** | אֶל זֶה] בזה אל **ק** **520** נוֹפֵל] יפול **ק** **521** הַשִּׂכְלִיּוֹת] ח' **ב** אֶל] על **ב**, ח' **ק** **522** ה'] השם **נק** | יִתְבָּרֵךְ] ח' **נק** **525** יְשַׁלֵּם בִּבְעָלָיו] ישלם על **ק** בִּבְעָלָיו] ח' **ב** **526** הַנֶּחָמָה] הנחלה **ק** | ה'] השם **נק** | הַתְּכוּנוֹת] התבודדות **ב** **527** סִבָּה] סבת **נק** | בַּעֲבוֹדָתוֹ וְיִרְאָתוֹ] ביראתו ועבודתו **מק** **528** הָאִישׁ] האדם **ב** | הַזֶּה] ח' **ק** הוֹלֵךְ] ההולך **ב**

which damages the road and makes it slippery and makes his walking very dangerous and [him] on the verge of falling; when a strong wind and a horrific storm descend and shake and move him from side to side. And it happens that the darkness, [even] without the slipperiness of the road or the storm, would be enough to make him err and mistake the way due to the deep obscurity; but combined with the slipperiness—which it would be possible avoid out or to negotiate on a clear day—it is impossible [to proceed] without falling; even more when his misfortune multiplies because of the storm that is shaking and moving him from side to side, which causes him to fall anyway. Therefore, there is no doubt that this man is negligent about his life and is close to death. And so, the darkness is the folly of [failing to] acknowledge God, since there is no other genuine darkness, absolute gloom, and complete shadow; the slipperiness is the exposure and disposition to passions; and the awful, stormy wind is the evil inclination. And here is the saying of the prophet: *let their path be dark and slippery,*[39] *the angel of God drives them on,*[40] because every action that comes from all the

---

[39] Ps. 35.6.
[40] Ps. 35.5.

בְּקִלְקוּל הַדְּרָכִים וַחֲלַקְלַ[ק]וּתָם עַד שֶׁיִּהְיֶה לֶכְתּוֹ בְּתַכְלִית הַסַּכָּנָה מִן הַנְּפִילָה וְהַהֶכְשֵׁל תָּמִיד, וְהִתְחַזֵּק אֶל זֶה רוּחַ חָזָק וּסְעָרָה נִפְלָאָה תְּדִיחֵהוּ וּתְנִיעֵהוּ מִצַּד אֶל צַד. וְהִנֵּה אִם הָיָה בְּאוֹתוֹ הָאוֹפֶל זוּלַת חֲלַקְלַקּוֹת הַדְּרָכִים וְזוּלַת הַסְּעָרָה הָיָה בְּוַדַּאי דַּי לוֹ בְּזֶה בְּשִׁבּוּשׁ הַדְּרָכִים וְטָעוּתָם מִצַּד הָאֲפֵלָה הַגּוֹבֶרֶת, וְכַאֲשֶׁר הִתְחַבֵּר לוֹ הַחֲלַקְלַקּוּת, שֶׁהָיָה הַיְּצִיאָה מִמֶּנּוּ וְהַהֲלִיכָה בּוֹ [בַּיּוֹם] הַבָּהִיר, אִי אֶפְשָׁר לוֹ עִם נְפִילַת, כָּל שֶׁכֵּן כַּאֲשֶׁר נִכְפַּל צַעֲרוֹ בִּסְעָרָה הַמְּנִיעָה וְהַמַּדִּיחָה אוֹתוֹ אֶל הַצְּדָדִים שֶׁתַּפִּילוּהוּ עַל כָּל פָּנִים. הִנֵּה אֵין סָפֵק שֶׁזֶּה הָאִישׁ מִתְרַשֵּׁל מִן הַחַיִּים לְגַמְרֵי וְהוּא קָרוֹב אֶל הַמָּוֶת. וְכֵן הָיָה הָאוֹפֶל הוּא הַסִּכְלוּת מִיְּדִיעַת הָאֵל שֶׁאֵין כָּמוֹהוּ אוֹפֶל אֲמִתִּי וְחֹשֶׁךְ מוּחְלָט וְצַלְמָוֶת גָּמוּר, וְהָיָה הַהִזְדַּמְּנוּת הַתַּאֲווֹת וַהֲכָנָתָם הוּא הַחֲלַקְלַקּוּת, וְהָיָה הַיֵּצֶר הָרַע הָרוּחַ הַסּוֹעֵר הַדּוֹחֶה. וְהוּא מַאֲמַר הַנָּבִיא "יְהִי דַרְכָּם חֹשֶׁךְ וַחֲלַקְלַקּוֹת וּמַלְאַךְ ה' דּוֹחֶה", כִּי הַדְּבָרִים הַטִּבְעִיִּים כָּל מַה

---

542 יְהִי... 543 וַחֲלַקְלַקּוֹת] תה' לה ו **543** וּמַלְאַךְ... דּוֹחֶה] תה' לה ה

---

530 בְּקִלְקוּל] לקלקול **ב**, אל קלקול **ק** | וַחֲלַקְלַקּוּתָם] מ' **מב**, וחלקלותם **אק** **531** מִן הַנְּפִילָה] מהנפילה **ק** | וְהִתְחַזֵּק] והתחבר **נק** | זֶה] כל זה **ב** | רוּחַ חָזָק] ההזק **ב** **532** וּתְנִיעֵהוּ] ח' **ב** **533** בְּאוֹתוֹ הָאוֹפֶל] בתכלית אותו האופל **נק** | וְזוּלַת... 534 הַדְּרָכִים] ח' **ק** | בְּוַדַּאי] ח' **ב** **534** בְּזֶה] ח' **ב** | בְּשִׁבּוּשׁ] בשבושי **ב** | וְטָעוּתָם] ח' **ב**, ותכייתם **ק** **535** הַחֲלַקְלַקּוּת] חלקלקות **ב** | וְהַהֲלִיכָה] והליכה **ב** **536** בַּיּוֹם] מ' **נק** | אִי] ואי **ב** | לוֹ... נְפִילַת] כדי נפילת מכשולים **ב**, בלי נפילות ומכשולים **ק** | כָּל] וכל **ק** | כַּאֲשֶׁר] ח' **ב** **537** הַמְּנִיעָה... אוֹתוֹ] המניעה אותו והדוחהו **ב** | וְהַמַּדִּיחָה] והדוחה **ק** | שֶׁתַּפִּילוּהוּ] שתפילהו **נק** **538** הִנֵּה] ח' **נק** **539** אֶל הַמָּוֶת] מהמות **ק** | הָאוֹפֶל] האפלה **נק** **540** הָאֵל] השם **ק** | כָּמוֹהוּ... אֲמִתִּי] אופל אמיתי כמוהו **ב** | אוֹפֶל... מוּחְלָט] חשך מוחלט ואפל אמתי **ק** **541** הַהִזְדַּמְּנוּת] הזדמנות **נק** | וְהָיָה... הָרַע] והיצר הרע הוא **ב** | וְהָיָה... 543 וַחֲלַקְלַקּוֹת] ח' **ק** **542** הַדּוֹחֶה] והדוחה **ב** **543** ה'] יי **מק**

natural things is called an angel and an emissary with regard to that action.

And he said: when we pay proper attention, we find the love of the Creator, may He be blessed, helping over everything, his mercy is infinite,[41] his hate is like the hate of *the blood avenger over the murderer*,[42] and his vengeance is like a thrown stone that does not stop until it hits [its target].

---

[41] Literally: his mercy has no estimation.
[42] Num. 35.19.

שֶׁיִּהְיֶה מֵהֶם פּוֹעַל מָה, יִקָּרֵא מַלְאָךְ וְשָׁלִיחַ בְּעֵרֶךְ לַפְּעוּלָּה הַהִיא.

וְאָמַר: כַּאֲשֶׁר הִתְבּוֹנַנְנוּ הֵיטֵב מָצָאנוּ אַהֲבַת הַבּוֹרֵא יִתְ[בָּרֵךְ] מוֹעִילָה מִן הַכֹּל, וְחַסְדּוֹ אֵין לוֹ עֵרֶךְ, וְשִׂנְאָתוֹ שִׂנְאַת גּוֹאֵל הַדָּם אֶת הָרוֹצֵחַ, וְנִקְמָתוֹ הָאֶבֶן הַנִּשְׁלֶכֶת לֹא תַּעֲמוֹד עַד נָפְלָה.

---

547 גּוֹאֵל...הָרוֹצֵחַ] במ' לה יט

---

544 שֶׁיִּהְיֶה] שהיה **נ** | פּוֹעַל] פעל **ק** | מַלְאָךְ וְשָׁלִיחַ] שליח ומלאך **נ** | בְּעֵרֶךְ לַפְּעוּלָּה] לערך הפעולה **נ** **545** הִתְבּוֹנַנְנוּ] התבונן **ק** | הֵיטֵב] והיטב **נ** **546** יִתְבָּרֵךְ] ח' **ק** | אֵין] שאין **ק** **547** עַד] בלתי **נ**

Chapter on the Study and the Division of the Sciences that a Man Will Need after Piety and the Worship of God

Jedaiah ha-Penini said: of all the sciences, prefer the knowledge of religion, and do not show yourself too wise, lest it kill you.

And he said: do not expect blasphemy from a religious person.

And he said: showing oneself too wise is an emissary of heresy.

And he said: the human intellect is subtle by nature and the philosophers have added to its subtlety to the point that it can easily snap, like hair when pulled.

And he said: the study of religion ensures eternal life and *musar* comes second;[43] without them, [one remains] in a state of foolishness.

And he said: woe to the sage without religion, because his soul will not live forever, and [in] this world he will not inherit [the benefits of] the effort of studying either.

[And he said: who would dare speak on rocks and trees while ignoring good practices and customs?]

[And he said: sages will call "rude" those who warm them.]

---

[43] Literally: like a side dish.

[ב105] שַׁעַר בַּלִּמּוּד וּבְחֵלֶק הַחָכְמוֹת אֲשֶׁר יִצְטָרֵךְ הָאָדָם אֲלֵיהֶם אַחַר הַחֲסִידוּת וַעֲבוֹדַת הָאֱלֹקִים

אָמַר יְדַעְיָה הַפְּנִינִי: בְּחַר מִן הַחָכְמוֹת יְדִיעַת הַדָּת, וְאַל תִּתְחַכֵּם הַרְבֵּה פֶּן יְמִיתְךָ.

וְאָמַר: אַל תַּאֲמֵן עַל הַתּוֹרִיי שֶׁיְּחָרֵף.

וְאָמַר: רוֹב הַהִתְחַכְּמוּת שָׁלִיחַ הַכְּפִירָה.

וְאָמַר: הַשֵּׂכֶל הָאֱנוֹשִׁי דַּק בְּטִבְעוֹ וְיוֹסִיפוּ עָלָיו הַפִּילוֹסוֹפִים דַּקּוּת עַד שֶׁיֵּקַל לְהִשָּׁבֵר כִּדְמוּת הַשֵּׂעָר בְּהִמָּשְׁכוֹ.

וְאָמַר: לִמּוּד הַדָּת הַמְּחַיֶּה הַנִּצְחִית וְהַמּוּסָר פַּרְפֶּרֶת, וּבִלְעֲדֵי זֶה הַסִּכְלוּת.

וְאָמַר: אוֹי לְחָכָם מִבְּלִי דָּת כִּי אֵין לְנַפְשׁוֹ הִשָּׁאֲרוּת [נִצְחִי], וְגַם הָעוֹלָם הַזֶּה אֵינֶנּוּ נוֹחֵל מִטּוֹרַח הַלִּמּוּד.

[וְאָמַר: מִי יֶעֱצַם לְדַבֵּר עַל הָאֲבָנִים וְהָעֵצִים וּלְהַעְלִים עֵינָיו מִן הַנִּימוּסוֹת וְהַתּוֹרוֹת?]

[וְאָמַר: הַחֲכָמִים יִקְרְאוּ לַתּוֹרְעִים גַּסִּים.]

---

549 וּבְחֵלֶק] וחלקי **נ**, ובחלקי **ק** **550** אֲלֵיהֶם] עליהם **ק** | אַחַר] אחרי **נ** | הָאֱלֹקִים] האלהים **ק** **553** תַּאֲמֵן] תאמין **ק** **554** שָׁלִיחַ] תכלית **נ** **556** לְהִשָּׁבֵר] להשתבר **נ** **558** הַסִּכְלוּת] סכלות **נק** **559** כִּי] ח' **נק** | נִצְחִי] מ' **נ** **560** אֵינֶנּוּ] אינו **ק** **561** וְאָמַר... 562 וְהַתּוֹרוֹת] מ' **נ** **563** וְאָמַר...גַּסִּים] מ' **נ**

And he said: religion is like a short and low lemon tree whose fruit is abundant and sweet and is medicine for the [tree's] owner: thus is the Torah, which provides answers to inquiries on easy and clear matters. However, studying in depth and looking into mysteries bring about mistakes, errors, failures, and illusions, and it is like a tall desert tree, with huge branches and many leaves, where lumps and rot have multiplied, and their eating will cause diseases.

And he said: [some people] expect the survival of their souls by studying science, but due to excessive scrutiny [end up] losing them.

And he said: the religious person is concerned with God's general laws, and leaves for the sage the investigation of the nature of animals and the qualities of plants.

And he said that a religious man encountered a philosopher in the desert and agreed to be accompanied by him. Lions, leopards, and other predatory animals came out to them from the forest. The religious man prayed to God to save him, while the philosopher uttered the whisper that he had learned to control and weaken them, but he couldn't [do it]. He begged

וְאָמַר: דִּמְיוֹן [הַדָּת] אִילַן הָאֶתְרוֹג קָצָר וְשָׁפָל וּפֵירוֹתָיו מְתוּקִים גְּדוֹלֵי הַכַּמּוּת וּתְרוּפָה בְּעָלָיו, כֵּן הַתּוֹרָה יַסְפִּיק לָהּ הַחֲקִירוֹת הָעִנְיָנִים הַקַּלִּים הַגְּלוּיִים, וְהַלִּמּוּד עִם רוֹב הַהִתְחַכְּמוּת וְחִפּוּשׂ הַסְּתָרִים יַשִּׂיגוּהוּ הַשִּׁבּוּשִׁים וְהַטָּעֻיּוֹת, מֵבִיא לְהֶפְסֵדִים וְדִמְיוֹנִים, וְהוּא אִילַן הָעֲרָבָה הַגָּבוֹהַּ וַעֲנָפָיו עֲצוּמִים וְעָלָיו רַבִּים וְהַבּוּעוֹת וְהָרְקָבִים מִתְיַלְּדִים בָּהֶם וַאֲכִילָתָם תּוֹלִיד הַתַּחֲלוּאִים.

וְאָמַר: יְקַוּוּ מִלִּמּוּד הַחָכְמָה הִשָּׁאֲרוּת נַפְשָׁם וּמֵרוֹב הִתְחַכְּמוּת יְאַבְּדוּהוּ.

וְאָמַר: יִתְעַסֵּק הַדָּתִי בְּנִמּוּסֵי הָאֱלֹקִים וְיָנִיחַ הֶחָכָם לַחְקוֹר טִבְעֵי הַבְּהֵמוֹת וּסְגוּלַּת הָעֲשָׂבִים.

וְאָמַר: שֶׁאִישׁ דָּתִי פָּגַע בְּפִילֹסוֹף בַּמִּדְבָּר וְאָרַח לְחֶבְרָה עִמּוֹ. וְיָצְאוּ עֲלֵיהֶם מִן הַיַּעַר אֲרָיוֹת וּנְמֵרִים וְחַיּוֹת [מְמִיתוֹת]. וְהִתְפַּלֵּל הַדָּתִי לָאֵל שֶׁיַּצִּילֵנוּ, וְהַפִּילוֹסוֹף זָכַר בְּעַצְמוֹ מֵהַלַּחַשׁ אֲשֶׁר לָמַד יַמְשִׁילֵהוּ עֲלֵיהֶם וְיַחֲלִישֵׁם וְלֹא יָכוֹל. וְהִתְחַנֵּן לַדָּתִי

564 הַדָּת] מ' **נק** | אִילַן] לאילן **ב** | הָאֶתְרוֹג] האתרוג שהוא **ב** | וְשָׁפָל] ח' **ק** | וּפֵירוֹתָיו... 565 גְּדוֹלֵי] ופריו מתוק גדול **ב** **565** וּתְרוּפָה בְּעָלָיו] ח' **ק** | כֵּן] וכן **ק** | לָהּ] ח' **ב** **566** הַחֲקִירוֹת] מן החקירות **נק** | הַגְּלוּיִים] ח' **ק** | וְהַלִּמּוּד] ולמוד **ב** | רוֹב] ח' **ק** הַהִתְחַכְּמוּת] ההתחכמות והוציאה **ק** **568** אִילַן] כאילן **נק** **569** וְהַבּוּעוֹת] ודלועות **ב** וְהָרְקָבִים] ורקבים **ב** | מִתְיַלְּדִים] מתילדות **ב** | תּוֹלִיד] תולדה **ב** | הַתַּחֲלוּאִים] מהשנויים והתחלואים **ב** **570** מִלִּמּוּד] מן למוד **ק** | הַחָכְמָה] החכמות **ב** **571** יְאַבְּדוּהוּ] יאבדוה **נק** **572** יִתְעַסֵּק] יעסק **ב** | הַדָּתִי] הדת **ק** | בְּנִמּוּסֵי הָאֱלֹקִים] בנמוסים האלקיים **ב**, בנימוסים האלהיים **ק** | וְיָנִיחַ] וישתדל **ק** **573** וּסְגוּלַּת] וסגולות **ב**, כסגולות **ק** **574** שֶׁאִישׁ... בְּפִילֹסוֹף] שפעם אחד פגע הדתי והפילוסוף **ב**, כי פגע פעם א' הפילוסו הדתיי **ק** **575** עִמּוֹ] ח' **ק** | אֲרָיוֹת...וְחַיּוֹת] דובים ופתנים וחיות **נק** | מְמִיתוֹת] מ' **ב**,ממימות **אמ**, משונות **ק** **576** וְהִתְפַּלֵּל] התפלל **נק** | שֶׁיַּצִּילֵנוּ] שיצילנו מהחיות הרעות **ב** | מֵהַלַּחַשׁ... 577 לָמַד] אם למד לחש **ב**, שלמד לחש **ק** **577** יָכוֹל] שוה לו **ב** | וְהִתְחַנֵּן] ויתחנן **נק**

the religious man, saying: "My brother, pray also for me and invoke your God." He answered: "I will do as you say, but you, who have spent your days studying their nature and their whispering, [now] depend on their mercy to leave you with me, and on my judgment that I [do not] leave you with them."

And he said: the philosopher does not have death in mind, while the religious person thinks that he has already died.

And he said: the servants of Solomon asked him about the acquisition of wisdom. He said: "A man cannot acquire it until the day he dies."

And he said: the Creator is more powerful than the sage and death is the will of the Creator: if the sage knew how to be saved from it, then he would be more powerful than God.

And he said: how well can the philosophers study the celestial bodies when they are not aware of the degeneration of their own?

And he said: just as a man cannot see the world without starting his travels from his [own] city, study will not teach any of the sciences if in the order [of study] religion is [not] the first.

וַיֹּאמֶר: אָחִי הִתְפַּלֵּל בִּגְלָלִי וּקְרָא אֶל אֱלוֹקֶיךָ. הֱשִׁיבוֹ: אָנֹכִי אֶעֱשֶׂה כִּדְבָרְךָ אֲבָל אַתָּה שֶׁכִּלִּיתָ יָמֶיךָ לִדְרוֹשׁ עַל טִבְעֵיהֶם וְלַחֲשִׁיהֶם הָיָה מִן הַחֶסֶד מֵהֶם שֶׁיַּנִּיחוּךָ אֵלַי וְהָיָה גַּם כֵּן מִן הַדִּין שֶׁאַנִּיחֲךָ אֲלֵיהֶם.

וְאָמַר: לֹא עָלְתָה מַחְשֶׁבֶת הַפִּילוֹסוֹף לָמוּת וּבַעַל הַדָּת חוֹשֵׁב בְּעַצְמוֹ שֶׁכְּבָר מֵת.

וְאָמַר: שָׁאֲלוּ עֲבָדָיו לִשְׁלֹמֹה הַגָּעַת הַחָכְמָה. וְאָמַר: לֹא יוּכַל אָדָם לְהַגִּיעַ בָּהּ עַד יוֹם הַמָּוֶת.

וְאָמַר: הַבּוֹרֵא חָזָק מִן הֶחָכָם וְהַמָּוֶת רְצוֹן הַבּוֹרֵא, לוּ יְדָעוֹ הֶחָכָם הָיָה מִתְאַוֶּה לְהִנָּצֵל מִמֶּנָּה וְהָיָה חָזָק מִן הָאֵל.

וְאָמַר: מַה הֵטִיבוּ הַפִּילוֹסוֹפִים בְּחָקְרָם עַל הָעֲצָמִים הַשִּׂכְלִיִּים לוּ זָכְרוּ רְקַב עַצְמוֹתֵיהֶם?

וְאָמַר: כַּאֲשֶׁר לֹא יוּכַל הָאָדָם לִרְאוֹת כָּל הָאָרֶץ בִּלְעֲדֵי הַמַּסָּעוֹת וְעִירוֹ בַּתְּחִלָּה, כָּכָה לֹא יַשִּׂיג הַלִּמּוּד כָּל הַחָכְמוֹת זוּלָתִי עַל הַסֵּדֶר, וְהַדָּת רִאשׁוֹנָה.

---

578 וַיֹּאמֶר] ואמר **ב** | וַיֹּאמֶר אָחִי] ח' **ק** | בִּגְלָלִי] בעדי **ב** | אֱלוֹקֶיךָ] אלהיך **ק** | אָנֹכִי] אני **ב** **579** כִּדְבָרְךָ] כדבריך **נק** | לִדְרוֹשׁ] ח' **ק** **580** הַחֶסֶד] הדין **ק** | מֵהֶם] ח' **ק** | גַּם כֵּן] ח' **נק** | הַדִּין] הדין ממני **ק** **582** עָלְתָה] עלתה על **ב** | הַדָּת] הריב **ק** **583** חוֹשֵׁב בְּעַצְמוֹ] חשד את עצמו **ק** | בְּעַצְמוֹ] את עצמו **ב** **584** שָׁאֲלוּ...585 הַמָּוֶת] שאלו עבדיו לשלמה המלך ע' ה' הגיעה החכמה לדעת בה יום המות **ק** | הַגָּעַת] הגיעה **ב** | וְאָמַר[2]...585 אָדָם] ח' **ב** **585** לְהַגִּיעַ] לדעת **ב** **586** וְאָמַר...710 שָׁמָּה] ח' **ק** | לוּ] לולא **ב** | יְדָעוֹ] ח' **ב** **587** מִתְאַוֶּה] מתאנה **ב** | מִמֶּנָּה] ח' **ב** | וְהָיָה] תהיה **ב** **589** לוּ] לא **ב** **591** וְעִירוֹ בַּתְּחִלָּה] ח' **ב** | הַלִּמּוּד] למוד **ב** | כָּל] ח' **ב**

And he said: the philosopher will spend all he has on clothes and housing, while the religious man is satisfied with [wearing] worn clothes while studying between the oven and the stove, and all this thanks to his piety and the strength of his faith.

And he said: there are sages who establish regulations and set laws that the multitude observes, but there are others who disregard them in their chambers.

וְאָמַר: יְפַזֵּר הַפִּילֹסוֹף כָּל אֲשֶׁר לוֹ בְּמַלְבּוּשִׁים וּבְדִירָה, וְדַי לוֹ לַדָּתִי לִלְמוֹד בִּבְלוֹיֵי בְּגָדָיו בֵּין תַּנּוּר לְכִירַיִם, וְכָל זֶה מִן הַחֲסִידוּת וְחוֹזֶק הָאֱמוּנָה.

וְאָמַר: רַבִּים מֵאַנְשֵׁי הַחָכְמָה יַעֲמִידוּ סְיָיגִים וִיחַדְּשׁוּ תַּקָּנוֹת יְקַיְּימוּם הֶהָמוֹן, וּמֵהֶם יְבַטְּלוּם בְּחַדְרֵיהֶם.

---

593 וּבְדִירָה] בדירה נאה **ג**

[The Section] on the Value of Wisdom and the Order of Study

And he said: studying [involves] great pain, woe to him who suffers it, but does not get any benefit!

And he said: study naked and barefoot and you will get to teach from a golden chair.

And he said: it is painful to study when you are a young man, but how delightful its results when you are old!

And he said: when the members of a family become learned, even the well-born defer to them.

And he said: there are two things that are equal: the naïve man who boasts over his parent's virtue and he who collects books to have them locked away.

And he said: when a king stands up for a sage, the latter forgets his poverty and his lack.

And he said: the manner of the people is to separate the straw from the grain before eating it, while the manner of the sages is to eat the straw and the grain together and to separate the straw afterwards.

And he said: when the sage looks at those who are above him, he sees himself lowly and makes efforts to ascend; and when he looks at those who are below him, he becomes arrogant and acts lazily until he falls, similar to the behaviour of an eagle.

- הַמְּדַבֵּר בְּמַעֲלַת הַחָכְמָה וְסֵדֶר הַלִּמּוּד

וְאָמַר: הַלִּמּוּד צַעַר עָצוּם, אוֹי לְסוּבְלוֹ מִבִּלְתִּי תּוֹעֶלֶת.

וְאָמַר: לְמוֹד עָרוֹם וְיָחֵף וְתִזְכֶּה לְלַמֵּד בְּכִסֵּא זָהָב.

וְאָמַר: מַכְאוֹבִים לִמּוּד בַּנְּעוּרִים וּמַה נָּעֲמוּ בִּזְקוּנָיו.

וְאָמַר: כְּשֶׁיִּלְמְדוּ אַנְשֵׁי הַמִּשְׁפָּחָה יִכָּנְעוּ הַמְּיוּחָסִים אֲלֵיהֶם.

וְאָמַר: שְׁנַיִם הֵם בְּמַעֲלָה שָׁוָה: הַפְּחוּת שֶׁיְּלַקֵּט מַעֲלַת אֲבוֹתָיו לְהִתְפָּאֵר בָּהֶם וּמִי שֶׁיֶּאֱסוֹף הַסְּפָרִים וְיִנְעוֹל עֲלֵיהֶם.

וְאָמַר: בְּקוּם הַמֶּלֶךְ מִפְּנֵי [א106] הֶחָכָם יִשְׁכַּח כָּל רִישׁוֹ וְחֶסְרוֹנוֹ.

וְאָמַר: דֶּרֶךְ הַבְּרוּאִים לִבְרוֹר הַתֶּבֶן מִן הַבַּר טֶרֶם יֹאכְלוּהוּ, וְדֶרֶךְ הַחֲכָמִים לֶאֱכוֹל הַתֶּבֶן וְהַבַּר יַחְדָּיו וְלִבְרוֹר הַתֶּבֶן אַחֲרֵי כֵן.

וְאָמַר: בְּהַבִּיט הֶחָכָם לָעֶלְיוֹנִים מִמֶּנּוּ יֵקַל בְּעֵינָיו וְהוּא מִשְׁתַּדֵּל עַל הָעֲלִיָּה, וּבְהַבִּיטוֹ לְשִׁפְלוֹ יִגְבַּהּ לִבּוֹ וְהוּא מִתְרַשֵּׁל עַד נִפְלוֹ, וְכָכָה עִנְיַן הַנֶּשֶׁר.

598 הַמְּדַבֵּר] שער ב | הַלִּמּוּד] למודה ב **599** מִבִּלְתִּי] בלי ב **600** וְתִזְכֶּה לְלַמֵּד] ותלמד ב **601** בַּנְּעוּרִים] הנעורים ב | בִּזְקוּנָיו] זקוניו ב **602** וְאָמַר...אֲלֵיהֶם] ח' ב **603** הַפְּחוּת] ח' ב שֶׁיְּלַקֵּט] מי שילקוט ב **606** וְחֶסְרוֹנוֹ] ח' ב **608** יַחְדָּיו] יחדו מב **609** בְּעֵינָיו] בעיניו וישכל ב **611** עִנְיַן] ח' ב

And he said: a rich person was asked: "If you become poor, what will you do when people who used to respect you begin humiliating you?" He replied: "I will learn wisdom and [even] kings will honour me."

And he said: the honour from wisdom is like the light from the sun: it goes everywhere.[44]

And he said: I have not seen any activity with [more] honour and benefit than wisdom.

And he said: I have not seen any sage affected by a bad thing except for excessive wisdom.

And he said: the perfect sage can drown his enemies in his friends' spittle.

And he said: why is a sage great? Because the masses hope for reward through his honour.

And he said: sages in this world are like the sun during the day and the moon during the night, even if they were covered once by the cloud of folly.

And he said: sages are entitled to be proud, but they act humbly, while the mobs should be humble, but they act proudly.

And he said: God created this world and put sages as its leaders and kings as their deputies.

---

[44] Literally: it does not have a designated place.

וְאָמַר: אָמְרוּ לְעָשִׁיר: כְּשֶׁתְּרוֹשֵׁשׁ, מַה תַּעֲשֶׂה מִמָּה שֶׁהָיוּ הָאֲנָשִׁים מְכַבְּדִים אוֹתְךָ וְאַחַר כָּךְ יְבְזוּךָ? אָמַר: אֶלְמוֹד הַחָכְמָה וִיכַבְּדוּנִי הַמְּלָכִים.

וְאָמַר: כְּבוֹד הַחָכְמָה כְּאוֹר הַשֶּׁמֶשׁ, אֵין לוֹ מָקוֹם מְיוּחָד.

וְאָמַר: לֹא רָאִיתִי בְּכָל הַמְּלָאכוֹת כָּבוֹד וְתוֹעֶלֶת יוֹתֵר מִן הַחָכְמָה.

וְאָמַר: לֹא רָאִיתִי חָכָם מְצָאוֹ רַע זוּלָתִי עִם רְבָבוֹת מִן הַחָכְמָה.

וְאָמַר: יוּכַל הֶחָכָם [הַשָּׁלֵם] לְהַטְבִּיעַ שׂוֹנְאוֹ [בְּרוֹק] אוֹהֲבָיו.

וְאָמַר: מַה גָּדוֹל הֶחָכָם? כִּי הֶהָמוֹן יְקַוּוּ גְּמוּל בִּכְבוֹדוֹ.

וְאָמַר: הַחֲכָמִים בָּאָרֶץ שֶׁמֶשׁ בַּיּוֹם וְיָרֵחַ בַּלַּיְלָה, וּפַעַם כִּסָּם עֲנַן הַסִּכְלוּת.

וְאָמַר: הָיוּ הַחֲכָמִים יְכוֹלִים לְהָרִים רֹאשׁ וְהֵמָּה יַשְׁפִּילוּהוּ, וְהָיָה מִן הַחִיּוּב עַל הֶהָמוֹן לְהַשְׁפִּילוֹ וְהֵמָּה יְרִימוּהוּ.

וְאָמַר: בָּרָא הָאֵל אֶת עוֹלָמוֹ וְשָׂם הַחֲכָמִים מַנְהִיגָיו וְהַמְּלָכִים מִשְׁנֵיהֶם.

---

613 הָאֲנָשִׁים] ח' ב | וְאַחַר כָּךְ] ח' ב | יְבְזוּךָ] ויבזוך ב **615** כְּבוֹד הַחָכְמָה] ח' ב | כְּאוֹר] באור ב **616** יוֹתֵר...617 הַחָכְמָה] כמו בחכמה ב **618** וְאָמַר...619 הַחָכְמָה] ח' ב **620** הַשָּׁלֵם] מ' ב | בְּרוֹק] מ' ב **622** וְאָמַר...בִּכְבוֹדוֹ] ח' ב **623** וּפַעַם] ולפעמים ב | כִּסָּם] יכסם ב **625** וְאָמַר...626 יְרִימוּהוּ] ח' ב

And he said: he who leads people with his wisdom and good counsel, but has not taught anyone, resembles the sun that shines over everything when nobody is able to light a lamp; and he whose wisdom is well-known, but learned by few—not because he withheld it from them—resembles the moon that is ready to give light to everyone in the market who is eager for it, when the shops are closed.

And he said: do not let the seraph or the sage look at you.[45]

And he said: do not disagree with a sage until you are equal to him.

And he said: the happiness of sages lies in answers.

And he said: one sage was asked: "[Why] did you not get married and have children?" He replied: "Indeed I have married wisdom and fathered books."

[And he said: nature does not keep back what each creature deserves: people of *musar* arouse hearts towards them to honour their status; through pious people others implore God in moments of trouble, and their actions set examples and lead the city with their regulations and laws; intelligent people keep the world with their counsel; and sages are seated by kings on their thrones.]

---

[45] This may mean to be cautious and avoid committing evil in the presence of God and men, but the meaning remains puzzling.

וְאָמַר: מִי שֶׁיַּנְהִיג הָאֲנָשִׁים בְּחָכְמָתוֹ וַעֲצָתוֹ וְלֹא לָמַד בִּלְעָדָיו יְדַמֶּה לַשֶּׁמֶשׁ הַמֵּאִיר לַכֹּל וְלֹא יַדְלִיקוּ מִמֶּנּוּ מָאוֹר, וּמִי שֶׁנִּתְפַּרְסְמָה חָכְמָתוֹ וּמְעַטִּים לוֹמְדֶיהָ וְלֹא מְמָנִיעָתוֹ כְּמוֹ הַיָּרֵחַ הַזּוֹרַחַת בַּשּׁוּק מוּכֶנֶת לְהָאִיר לְכָל מִי שֶׁיַּחְפּוֹץ וְהַחֲנוּיוֹת נְעוּלִים.

וְאָמַר: הַשָּׂרָף וְהֶחָכָם אַל יַבִּיטוּךָ.

וְאָמַר: אַל תַּחֲלוֹק עִם חָכָם עַד שֶׁתִּשְׁתַּוֶּה לוֹ.

וְאָמַר: שִׂמְחַת הֶחָכָם בַּתְּשׁוּבוֹת.

וְאָמַר: שָׁאֲלוּ לְחָכָם: לֹא נָשָׂאתָ אִשָּׁה וְהוֹלַדְתָּ בָּנִים? אָמַר: כְּבָר נָשָׂאתִי הַחָכְמָה וְהוֹלַדְתִּי הַסְּפָרִים.

[וְאָמַר: אֵין הַטֶּבַע גּוֹרֵעַ חוֹק כָּל נִבְרָא: [אַנְשֵׁי] הַמּוּסָר יְעוֹרְרוּ הַלְּבָבוֹת לִקְרָאתָם וִיכַבְּדוּם בְּמַעֲמָדָם, הַחֲסִידִים יְבַקְּשׁוּ מֵהֶם לָאֵל בְּצָרָה וּפְעָלֵיהֶם יַגִּידוּ הַגְּזֵרוֹת וְיִנְהֲגוּ הַמְּדִינָה בְּתִקּוּנֵיהֶם וְדִינֵיהֶם, וְהַמַּשְׂכִּילִים יַעֲמִידוּ הָאָרֶץ בַּעֲצָתָם, וְהַחֲכָמִים יוֹשִׁיבוּם הַמְּלָכִים עַל כִּסְאוֹתָם.]

---

630 לַשֶּׁמֶשׁ] השמש **ב** | וְלֹא] אבל לא **ב** **631** שֶׁנִּתְפַּרְסְמָה] שנתפרסם **ב** **632** מוּכֶנֶת] ומוכנת **ב** **634** וְאָמַר...לוֹ] ח' **ב** **635** הֶחָכָם בַּתְּשׁוּבוֹת] האדם בתשובותיו **ב** **637** כְּבָר] ח' **ב** **638** וְאָמַר... 642 כִּסְאוֹתָם] מ' **ב**

And he said: there are four [people] who do not know four [things]: the wild man does not know virtues and proper behaviour; the sick man does not taste the sweetness of honey; young men do not know the pleasure of sexual intercourse; and the stupid man does not know the value of wisdom.

[And the sage said to his students: when you stick to one of the sciences, do not disparage the others.]

[And he said: the student desires to read books, but despises them after reading them.]

And he said: learning is like fields, and stories are like gardens.

And he said: learning is like food, and stories arouse the appetite.

And he said: if it were not for stories, we would be fed up with the foundations of wisdom.

And he said: through innocence we believe in *Haggadot*, but through [scholarship] we falsify them.

וְאָמַר: אַרְבָּעָה לֹא יֵדְעוּ אַרְבָּעָה: לֹא יֵדַע הַמְדַבְּרִי
הַמַּדּוֹתִיּוּת וְהַהַנְהָגוֹת, וְלֹא יִבְחַן הַחוֹלֶה מֶתֶק הַדְּבַשׁ, וְלֹא יֵדְעוּ
הַנְּעָרִים טַעַם הַמִּשְׁגָּל, וְלֹא יַכִּיר הַכְּסִיל יֶקֶר הַחָכְמָה.

645

[וְאָמַר הֶחָכָם לְתַלְמִידָיו: בְּעָמְדֵנוּ עַל הַחָכְמָה מִן הַחָכְמוֹת,
אַל תְּעוֹרְרוּ עַל זוּלָתָם.]

[וְאָמַר: יִשְׁתּוֹקֵק הַלּוֹמֵד לִקְרֹא הַסְּפָרִים וְאַחַר שֶׁקְּרָאָם
יִמְאָסֵם.]

וְאָמַר: הַלִּמּוּדִים שָׂדוֹת וְהַסִּפּוּרִים גִּנּוֹת.

650

וְאָמַר: הַלִּמּוּדִים מָזוֹן וְהַסִּפּוּרִים מְעוֹרְרִים אוֹתוֹ.

וְאָמַר: לוּלֵי הַסִּפּוּרִים הָיִינוּ קָצִים בְּעִקְרֵי הַתּוּשִׁיָּה.

וְאָמַר: מִצַּד הַתְּמִימוּת נַאֲמִין בַּהַגָּדוֹת וּמִצַּד אַחֵר נַכְזִיבֵם.

---

643 אַרְבָּעָה¹] ח' נ | יֵדְעוּ] ידעו נ | אַרְבָּעָה²] הארבעה נ | הַמְדַבְּרִי] האיש המדברי נ
644 הַמַּדּוֹתִיּוּת וְהַהַנְהָגוֹת] הנהגות המדות נ | יִבְחַן] ידע נ | מֶתֶק] מתיקות נ
645 הַנְּעָרִים] הילדים נ | יֶקֶר] כבוד נ **646** וְאָמַר...647 זוּלָתָם] מ' נ **648** וְאָמַר...649
יִמְאָסֵם] מ' נ **651** אוֹתוֹ] תאוותו נ **652** לוּלֵי] לולא מנ **653** וְאָמַר...נַכְזִיבֵם] ח' נ

[The Section] on the Science of Medicine

He said: there are four [things] that are the happiness of four [different kinds of people]: the moon is the happiness of thieves; the transgressions of the people are the happiness of the king; flaws are the happiness of enemies; and the anger of the Creator towards His creatures is the happiness of doctors.

And he said: when you need a doctor, you consider him God; when he rescues you from danger, you think of him as a king; when you have recovered, you see him as a man like you; and when he asks for payment, you think of him as a devil.

And he said: a doctor has more tributes from the inhabitants of a city than the king.

And he said: there are two things that are wondered about: who will heal the doctor of the city if he gets sick, and who will execute the executioner if he is sentenced to death.

And he said: the king fears two people: the doctor and the artist.

And he said: important people will walk after these two: a judge exiting the court and a doctor exiting the house of a sick person.

And he said: many mild illnesses are worsened by doctors themselves in order to increase their fees.

- הַמְּדַבֵּר בְּחָכְמַת הָרְפוּאָה

אָמַר: אַרְבָּעָה שִׂמְחַת אַרְבָּעָה: הַיָּרֵחַ שִׂמְחַת הַגַּנָּבִים, חַטָּאת הָעָם שִׂמְחַת הַמֶּלֶךְ, וְרוֹעַ הַמִּדּוֹת שִׂמְחַת הָאוֹיְבִים, וְכַעַס הַבּוֹרֵא עַל בְּרוּאָיו שִׂמְחַת הָרוֹפְאִים.

וְאָמַר: הוּצְרַכְתָּ הָרוֹפֵא תַּחְזִיקֶנּוּ אֱלֹקִים, הוֹצִיאֲךָ מִן הַסַּכָּנָה תְּדַמֶּנּוּ מֶלֶךְ, נִתְרַפֵּאתָ שָׁב בֶּן אָדָם כְּמוֹתְךָ, שָׁאַל הַפֵּרָעוֹן תַּחְשְׁבֵהוּ שָׂטָן.

וְאָמַר: יֵשׁ לָרוֹפֵא [מַס] עַל אַנְשֵׁי הָעִיר יוֹתֵר מִן הַמֶּלֶךְ.

וְאָמַר: שְׁנַיִם יִתְמְהוּ עֲלֵיהֶם: הָרוֹפֵא כָּל הָעִיר אִם יֶחֱלֶה מִי יְרַפְּאֶנּוּ, וְהוֹרֵג כָּל הַמְּחוּיָּבִים אִם יִתְחַיֵּב מִי יַהַרְגֶנּוּ.

וְאָמַר: שְׁנַיִם יִרְאוּ הַמֶּלֶךְ [מֵהֶם]: הָרוֹפֵא וְהָאוּמָּן.

וְאָמַר: שְׁנַיִם יֵצְאוּ אַחֲרֵיהֶם הַגְּדוֹלִים: הַשּׁוֹפֵט [בְּצֵאתוֹ] מִן הֶחָצֵר וְהָרוֹפֵא בְּצֵאתוֹ מִבֵּית הַחוֹלֶה.

וְאָמַר: כַּמָּה מִן הַתַּחֲלוּאִים הַקַּלִּים יַכְבִּידוּ הָרוֹפְאִים לְהַרְבּוֹת שְׂכָרָם.

---

654 הַמְּדַבֵּר] שער המדבר ב **655** אַרְבָּעָה[1]] ח' ב **656** וְרוֹעַ] רוע ב | וְכַעַס] כעס ב **658** הוּצְרַכְתָּ] הוצרכת אל ב **659** נִתְרַפֵּאתָ] נרפית ב | שָׁאַל] ישאלך ב **661** מַס] מ' ב אַנְשֵׁי] בני ב **662** הָרוֹפֵא] רופא ב **663** יְרַפְּאֶנּוּ] ירפאהו ב | הַמְּחוּיָּבִים] המחייבים ב **664** יִרְאוּ הַמֶּלֶךְ] המלך יראו ב | מֵהֶם] מ' ב | וְהָאוּמָּן] האופה ב **665** אַחֲרֵיהֶם] החריהם ב | הַגְּדוֹלִים] הנכבדים ב | בְּצֵאתוֹ] מ' ב **667** מִן] הם ב | הַתַּחֲלוּאִים] החלאים ב

And he said: many doctors know nothing from the art of medicine that can heal an extremely sick person by looking at their faces and the tone of their speech.

And he said: of all doctors, choose for yourself these two: the relative and the old.

And he said: a sudden death is a decree [from God], so the doctor is innocent.

And he said: there are three kinds of people who, despite their culture and civilisation, are despised: the foreigner, the lover, and the doctor.

And he said: the scared doctor says: "What have you done?" And the wise one commands: "Do."

And he said: he who has not killed many people is not a doctor.

And he said: two people that get rich very quickly: heirs, who are happy with their sick relatives, and merchants of balsams, who are happy with doctors.[46]

And he said: you will find that most doctors are very old, because the angel in charge of death leaves them [here] to increase their provisions.

---

[46] The grammar of the Hebrew epigram is a bit tricky, but it makes sense to think that heirs would get rich fast when their sick relatives die. Likewise the case with merchants of balsams, who get rich through doctors, for the latter issue prescriptions to sick people that they need to buy from the merchants.

וְאָמַר: רַבִּים מִן הָרוֹפְאִים לֹא יֵדְעוּ מֵחָכְמַת הָרְפוּאָה דָּבָר יִתְרַפֵּא מִיָּדָם הַחוֹלֶה הַמְסוּכָּן בִּרְאִיַּית פְּנֵיהֶם וְטַעַם דִּבְרֵיהֶם.

וְאָמַר: בְּחַר לְךָ מִן הָרוֹפְאִים שְׁנַיִם: קְרוֹבְךָ וְהַזָּקֵן.

וְאָמַר: הַמִּיתָה פִּתְאוֹמִית גְּזֵרָה וְהָרוֹפֵא נָקִי.

וְאָמַר: שְׁלֹשָׁה מִבְּנֵי הַמּוּסָר וְהַיִּישׁוּב וְהֵם נִמְאָסִים: הַנָּכְרִי וְהַחוֹשֵׁק וְהָרוֹפֵא.

וְאָמַר: הָרוֹפֵא הַמַּבְהִיל [ב106] אוֹמֵר: מֶה עֲשִׂיתֶם? וְהֶחָכָם אוֹמֵר: עֲשׂוּ.

וְאָמַר: מִי שֶׁלֹּא הֵמִית רוֹב מִסְפַּר בְּנֵי אָדָם אֵינֶנּוּ רוֹפֵא.

וְאָמַר: שְׁנַיִם עֲשִׁירִים בִּמְעַט זְמַן: הַחוֹלִים שִׂמְחָתָם הַיּוֹרְשִׁים, רוֹכְלֵי הַבְּשָׂמִים שִׂמְחָתָם הָרוֹפְאִים.

וְאָמַר: רוֹב הָרוֹפְאִים תִּמְצָאֵם זְקֵנִים בָּאִים בְּיָמִים בַּעֲבוּר כִּי הַמַּלְאָךְ הַמְּמוּנֶּה עַל הַמָּוֶת יַנִּיחֵם לְהַרְבּוֹת צֵידוֹ.

---

669 דָּבָר] כלל **ב** **670** וְטַעַם] ונועם **מב** **671** לְךָ] ח' **ב** **672** פִּתְאוֹמִית] הפתאומית **ב** **673** וְאָמַר...674 וְהָרוֹפֵא] ח' **ב** **677** רוֹב...בְּנֵי] מספר רב מבני **ב** **678** שְׁנַיִם...679 הָרוֹפְאִים] שלשה שמחים: היורשים, והרופאים, ורוכלי הבשמים **ב** **680** הָרוֹפְאִים] החכמים **ב** | זְקֵנִים] ח' **ב**

And he said: even if all doctors are your friends and are happy that you are alive, you will not find anyone [able] to cure you when you get sick.

And he said: there are two people who will not be welcome after death either in the world of reward or in the world of punishment, and they are the doctor and the musician.[47] When the musician and the doctor die, the musician will take his instrument and his stick and the doctor his books and formulas; they will go to the entrance of the world of reward, and request that Methuselah and Noah let them in,[48] and these [two] will say: "What are your names?" The doctor will answer: "I know how to cure every affliction and illness, to balance creaturely humours, to sweeten life, and to keep people from diseases." The musician will say: "I awaken the heart to joy, turn the soul of people from grief into happiness, and drive away concerns." The gatekeepers will reply: "You will not get in here, for here we have great joy, abundant light overflowing [everywhere], and considerable rejoicing; for concern and sadness are far from us, so that we are not in need of games or music; and also material circumstances are non-existent here, we do not fear illnesses when we are sane and we do not have any diseases that need to be removed by a doctor, but go [both

---

[47] The author seems to be telling this *mashal* as a prediction of the treatment that a musician and a doctor will get after death; that is why the future tense works better in the translation.

[48] Methuselah and his grandson Noah are taken as examples of longevity and righteousness, respectively, which may explain why they are put as gatekeepers of the world of reward, where life is eternal and just.

וְאָמַר: אִלּוּ כָּל הָרוֹפְאִים אֲהוּבֶיךָ שְׂמֵחִים עַל חַיֶּיךָ, לֹא תִּמְצָא מִי שֶׁיְּרַפְּאֲךָ בְּעֵת שֶׁתֶּחֱלֶה.

וְאָמַר: [שְׁנַיִם] לֹא יְקַבְּלוּם אַחַר הַמָּוֶת לֹא לְעוֹלָם הַגְּמוּל וְלֹא לְעוֹלַם הָעֹנֶשׁ, וְהֵם הָרוֹפֵא וְהַנּוֹגֵן. בְּמוֹת הַנּוֹגֵן וְהָרוֹפֵא יִקַּח הַנּוֹגֵן כְּלֵי נִגּוּנוֹ וּמַקְּלוֹ בְּיָדוֹ וְהָרוֹפֵא סְפָרָיו וְנוּסְחָאוֹתָיו וַיֵּלְכוּ בְּפֶתַח שַׁעַר עוֹלַם הַגְּמוּל וְיִקְרְאוּ לִמְתוּשֶׁלַח וּלְנֹחַ לְהַכְנִיסָם, וַיַּעֲנוּ לָהֶם: "מַה שְּׁמוֹתֵיכֶם?" יְשִׁיבֵם הָרוֹפֵא: "אָנֹכִי יוֹדֵעַ לְרַפְּאוֹת כָּל מַדְוֶה וְכָל חוֹלִי וּמַנְהִיג הַבְּרוּאִים בְּמֶזֶג שָׁוֶה וּלְהַמְתִּיק חַיֵּיהֶם וּלְשָׁמְרָם מִן הֶחֳלָיִים". וַיֹּאמֶר הַנּוֹגֵן: "אָנֹכִי מְעוֹרֵר הַלְּבָבוֹת לְשַׂמֵּחַ וּמֵשִׁיב נֶפֶשׁ הָאֲנָשִׁים מִיָּגוֹן לְשִׂמְחָה וּמֵנִיס הַדְּאָגוֹת". וַיַּעֲנוּ אוֹתָם הַשּׁוֹעֲרִים: "לֹא תָּבוֹאוּ הֵנָּה, הֵנָּה יֵשׁ וְיֵשׁ אִתָּנוּ שִׂמְחָה וְאוֹר שֶׁפַע שׁוֹפֵעַ וְהֶעָרָה נִכְבֶּדֶת וְהַדְּאָגָה וְהָעִצָּבוֹן רְחוֹקִים מִמֶּנּוּ שֶׁנִּצְטָרֵךְ לִמְשַׂחֲקִים וּלְנִגּוּנִים בַּעֲבוּרָם, וְכֵן הַמִּקְרִים הַגַּשְׁמִיִּים נִמְנָעִים אֶצְלֵנוּ, לֹא נִירָא בְּעֵת הַבְּרִיאוּת מִן הַחוֹלִי וְלֹא יְבוֹאֵנוּ שׁוּם מַחֲלָה שֶׁנִּצְטָרֵךְ בִּגְלָלָהּ לְרוֹפְאִים לַהֲסִירָהּ, אֲבָל לְכוּ לְעוֹלַם הָעֹנֶשׁ הַמַּר וְהַנִּמְהָר אוּלַי תוּכְלוּ לְהוֹעִיל לַעֲנִיִּים הָאוּמְלָלִים הַכּוֹאֲבִים הַשּׁוֹכְנִים בְּתוֹכוֹ אוּלַי

---

682 אֲהוּבֶיךָ] ח' ב **684** שְׁנַיִם] מ' מב **685** וְהֵם] ח' ב | הַנּוֹגֵן וְהָרוֹפֵא] הרופא והנוגן ב
686 וּמַקְּלוֹ בְּיָדוֹ] ח' ב | סְפָרָיו וְנוּסְחָאוֹתָיו] ספרו נוסחותיו ב **687** עוֹלַם] ח' ב | וּלְנֹחַ] ונח ב **688** מַה שְּׁמוֹתֵיכֶם] מי אתם ב | יוֹדֵעַ] אדע ב **689** מַדְוֶה] מחלה ב | וְכָל חוֹלִי] ולישר הגוף הנגיף ב | בְּמֶזֶג] בדרך ב | וּלְהַמְתִּיק] ולמתק ב **690** הֶחֳלָיִים] החלאים ב | מְעוֹרֵר] יודע לעורר ב **691** לְשַׂמֵּחַ] ולשמחם ב | וּמֵשִׁיב...לְשִׂמְחָה] ח' ב **692** הֵנָּה[2]] ח' ב
693 שֶׁפַע] ח' ב | וְהָעִצָּבוֹן] והמרריות ב **694** לִמְשַׂחֲקִים וּלְנִגּוּנִים] לנגונים ולמצחקים ב
696 שׁוּם מַחֲלָה] חולי ב | בִּגְלָלָהּ] בגללו ב **697** לַהֲסִירָהּ] להסירו ב | וְהַנִּמְהָר] ח' ב
698 הָאוּמְלָלִים] ח' ב

of you] to the bitter and violent world of punishment: you might be of some use to those poor, miserable, and suffering people living there and [you two might] be admired [there]." After hearing these words, the doctor, with his books, and the musician, smiling and shaking his head, will go and call at the entrance of the world of punishment. Og and Goliath the Philistine will come out to them in order to let them in,[49] and they will ask: "Who are you?" They will reply as before, and then [the gatekeepers] will say: "If that is the case, go from here because music will not be helpful in this place of *bitter lamentation*[50] and deep mourning, because of the finger of God, so what can music and amusement encourage [here] but sadness? And there is no doctor able to cure them [who abide here] or remove the illness that has been put in them; quite the opposite: [he will] increase their diseases and their great affliction; so [better for you] to go to that high mountain facing the wasteland; and when the musician gets sick, the doctor can cure him, and when the doctor gets worried, the musician can play music and cheer him up; there you will find a frankincense tree, with *fruits for food and leaves for healing*;[51] and when your wives die, they will be sent to you there."

---

[49] Og and Goliath are two examples of biblical characters famous for their great size and strength, but who lost battles against the Israelites: Moses and his men, in the first case, and David, in the second.
[50] Mic. 2.4.
[51] Ezek. 47.12.

[תְּעֻרְצוּ]". וּכְשָׁמְעָם אֵלּוּ הַדְּבָרִים יֵלֵךְ הָרוֹפֵא עִם סְפָרָיו וְהַנּוֹגֵן הוֹלֵךְ מְצַחֵק וּמֵנִיד רֹאשׁוֹ, וְיִקְרְאוּ בְּפֶתַח שַׁעַר עוֹלַם הָעוֹנֶשׁ. וַיֵּצְאוּ אֲלֵיהֶם עוֹג וְגָלְיָת הַפְּלִשְׁתִּי הַשּׁוֹעֲרִים לְהַכְנִיסָם וַיִּשְׁאָלוּם: "מִי אַתֶּם?" וַיַּעֲנוּ כְּמַעֲנֵיהֶם הָרִאשׁוֹן, וְאָז יַעֲנוּ לָהֶם: "אִם כֵּן לְכוּ לָכֶם מִפֹּה כִּי לֹא יוֹעִילוּ הַנְּגִינוֹת אֶל מְקוֹם נְהִי נִהְיָה אֵבֶל כָּבֵד אֶצְבַּע אֱלֹקִים, וּמַה יַּמְרִיצֵם הַנְּגִינָה וְהַשְּׂחוֹק זוּלָתִי אֶבְלָם? וְלֹא יַבְרִיאֵם כָּל רוֹפֵא וּמִי יָסִיר כָּל מַחֲלָה אֲשֶׁר הוּשְׂמָה בְּקִרְבָּם בִּלְעֲדֵי לְהוֹסִיף חֳלָיִים וּמַדְוֵיהֶם הָעֲצוּמִים, אֲבָל עֲלוּ לָכֶם בָּהָר הַהוּא הַגָּבוֹהַּ הַפּוֹנֶה מוּל הַיְשִׁימוֹן וְכַאֲשֶׁר יֶחֱלֶה הַנּוֹגֵן יְרַפְּאֵהוּ הָרוֹפֵא וְכַאֲשֶׁר יִדְאַג הָרוֹפֵא יְנַגֵּן הַנּוֹגֵן וִישַׂמְּחֵהוּ, וְלָכֶם שָׁם תִּמְצְאוּ אִילָן הַלְּבוֹנָה יִהְיֶה לָכֶם פִּרְיוֹ לְמַאֲכָל וְעָלֵהוּ לִתְרוּפָה, וּבְמוֹת נְשׁוֹתֵיכֶם נִשְׁלָחֵם אֲלֵיכֶם שָׁמָּה".

703 נְהִי נִהְיָה] מי' ב ד **709** פִּרְיוֹ...לִתְרוּפָה] יח' מז יב

699 תְּעֻרְצוּ] תערוצו **אמנ** **700** מְצַחֵק] ומצחק **נ** | בְּפֶתַח] ח' **נ** **701** וַיֵּצְאוּ אֲלֵיהֶם] ח' **נ** עוֹג וְגָלְיָת] לעוג ולגלית **נ** | הַשּׁוֹעֲרִים] ח' **נ** | וַיִּשְׁאָלוּם] וישאלם **נ** **702** וַיַּעֲנוּ...הָרִאשׁוֹן] ויענום כמענם הראשונה שהשיבו לשוערי עולם הגמול **נ** **703** אֶל מְקוֹם] במקום **נ** | נִהְיָה] נהיה כי אם **נ** **704** וְהַשְּׂחוֹק] והצחוק **נ** | זוּלָתִי] זולת **נ** | וְלֹא] ואיכה **נ** **705** מַחֲלָה] המחלה **נ** **706** הָעֲצוּמִים] ח' **נ** **707** מוּל] אל מול **נ** **708** יְנַגֵּן...וִישַׂמְּחֵהוּ] יעיר הנוגן שמחתו **נ** **709** תִּמְצְאוּ] ח' **נ** | יִהְיֶה...פִּרְיוֹ] פריו יהיה לכם **נ** **710** וּבְמוֹת...שָׁמָּה] ח' **נ**

[The Section] on Judging

He said: if you lust after authority, study [to become] a judge.

And he said: law is an important part of religion: its intention is [inculcating] trust in religion and social organisation, so that proper order is maintained.

And he said: I have not found anyone, save plaintiffs and experts in law, who are able to enrich themselves through [both] injustice and the love of people.[52]

And he said: learn the law, lest the truth that you have be snatched away from you.

And he said: [it happens that] kings hire judges, when the correct thing would be for judges to hire kings.

And he said: the judge enjoys honour every day, while the plaintiff enjoys it once a month or once a year; and if it were not for the plaintiffs, the judge would gather all the money.

And he said: the honest judge will be displeased when he is called impartial for his own interest.

And he said: an insinuation from one of the parties to the judge is stronger than many pleas.

---

[52] That is, the need people have for their advocacy.

- הַמְּדַבֵּר בְּדִינִים

אָמַר: אִם תִּתְאַוֶּה הַשְּׂרָרָה לְמוֹד הַדִּינִים.

וְאָמַר: הַמִּשְׁפָּטִים חֵלֶק גָּדוֹל מִן הַדָּת: הַכַּוָּנָה בָּהֶם [אֱמוּנַת הַדָּת] וְהַנְהָגַת הַקִּבּוּץ לְהַתְמִיד הַסֵּדֶר.

וְאָמַר: לֹא מָצָאתִי מִתְעַשֵּׁר בְּעָוֶל עִם אַהֲבַת הָעָם זוּלָתִי בַּעֲלֵי הַטַּעֲנָה וְחַכְמֵי הַדִּינִים.

וְאָמַר: לְמוֹד הַמִּשְׁפָּטִים פֶּן יַחְמְסוּ הָאֻמּוֹת אֲשֶׁר אִתְּךָ.

וְאָמַר: הַמְּלָכִים שׂוֹכְרֵי הַשּׁוֹפְטִים וְהָיָה מִן הַנָּכוֹן שֶׁיִּהְיוּ הַשּׁוֹפְטִים שׂוֹכְרֵי הַמְּלָכִים.

וְאָמַר: כְּבוֹד הַשּׁוֹפֵט בְּכָל יוֹם, וּכְבוֹד הַטּוֹעֵן יוֹם [בְּחֹדֶשׁ וְיוֹם בְּשָׁנָה], וְלוּלֵא הַטּוֹעֲנִים הָיָה הַשּׁוֹפֵט אוֹסֵף כָּל הַמָּמוֹנוֹת.

וְאָמַר: יֵרַע בְּעֵינֵי הַשּׁוֹפֵט הַיָּשָׁר כְּשֶׁיִּקָּרֵא בַּעַל דִּין בִּשְׁלוֹמוֹ.

וְאָמַר: רְמִיזַת בַּעַל דִּין לַשּׁוֹפֵט חֲזָקָה מֵהֲמוֹן הַטְּעָנוֹת.

---

711 הַמְּדַבֵּר] שער המדבר **נ** | הַמְּדַבֵּר בְּדִינִים] שער הדינים והנהגת השופט **ק** **713** אֱמוּנַת...714 הַדָּת] מ' **נ**, הדת אמונה **אמק** **714** הַקִּבּוּץ] הקבוץ המדיני **נ** | לְהַתְמִיד הַסֵּדֶר] ח' **נ**, להתעיר מסדר **ק** **717** הַמִּשְׁפָּטִים] המשפט **ק** **718** וְאָמַר...719 הַמְּלָכִים] ח' **ק** | הַנָּכוֹן] הדין והנכון **נ** **720** בְּחֹדֶשׁ...721 בְּשָׁנָה] מ' **נ**, יום בחדש **ק** **721** וְלוּלֵא] ולולי **נק** **722** בְּעֵינֵי] בעיניו **ק** | הַיָּשָׁר] הצדיק והישר **נ**, ח' **ק** **723** לַשּׁוֹפֵט] ח' **נ**

And he said: the number of bundles of silver that a plaintiff hides in his safe before eating is larger than the number of pieces of bread that he hides in his belly afterwards.

And he said: on many occasions the judge is stupid, but has authority over sages.

And he said: decreeing rules is the happiness of the king, while the happiness of the judge is the compromise.

And he said: implore the king, but do not implore the judge.

And he said: from the hands of the judge we can flee to the king; but from the king, to whom will we flee?

And he said: when the judge is friendly towards you, be friendly towards him as well.

And he said: the fame of these two are the most important thing when you need them: the doctor and the judge.

And he said: at these three people do not look fixedly: the king, lest you get nervous when he is looking at you and give him cause to suspect you; the doctor, lest he put an evil eye on you and you get sick; and the judge, because he might have helped you and forgotten, but if he remembers, you will be obliged to reward him or he will hate you.

וְאָמַר: מִסְפַּר צְרוֹרוֹת הַכֶּסֶף אֲשֶׁר הִצְנִיעַ הַטּוֹעֵן בְּתֵיבָתוֹ טֶרֶם יֹאכַל, [יוֹתֵר] מִמִּסְפַּר פְּתוֹתֵי הַלֶּחֶם אֲשֶׁר הִצְנִיעַ בְּבִטְנוֹ אַחַר כֵּן.

וְאָמַר: פְּעָמִים רַבּוֹת הָיָה הַשּׁוֹפֵט בַּעַר וְכֹחַ לוֹ עַל הַחֲכָמִים.

וְאָמַר: חֲתוֹךְ הַדִּין שִׂמְחַת הַמֶּלֶךְ וְשִׂמְחַת הַשּׁוֹפֵט פְּשָׁרָה.

וְאָמַר: צְעַק אֶל הַמֶּלֶךְ וְאַל תִּצְעַק אֶל הַשּׁוֹפֵט.

וְאָמַר: מִיַּד [א107] הַשּׁוֹפֵט נִבְרַח אֶל הַמֶּלֶךְ, וּמִיַּד הַמֶּלֶךְ, אֶל מִי נִבְרַח?

וְאָמַר: בְּהַסְבִּיר הַשּׁוֹפֵט פָּנָיו אֵלֶיךָ הַסְבֵּיר לוֹ פָּנֶיךָ גַּם כֵּן.

וְאָמַר: שְׁנַיִם יִתָּכֵן כְּבוֹדָם טֶרֶם הַהִצְטָרֵךְ אֲלֵיהֶם וְהֵם הָרוֹפֵא וְהַשּׁוֹפֵט.

וְאָמַר: שְׁלֹשָׁה אַל תִּתְרָאֶה לָהֶם תָּמִיד: הַמֶּלֶךְ פֶּן בְּהַבִּיטוֹ אוֹתְךָ תִּבָּהֵל וְתִגְרוֹם מִזֶּה שֶׁיַּחְשׁוֹד עָלֶיךָ, וְהָרוֹפֵא פֶּן יָשִׁית עָלֶיךָ עֵינוֹ הָרָעָה וְתֶחֱלֶה, וְהַשּׁוֹפֵט אוּלַי הוֹעִילְךָ וּשְׁכָחוֹ וּבְשׁוּבוֹ לְזוֹכְרוֹ תִּתְחַיֵּיב לְגוֹמְלוֹ אוֹ יִשְׂנָאֲךָ.

---

724 מִסְפַּר] ח' **ב** **725** יוֹתֵר] מ' **ק** | פְּתוֹתֵי] פתיתי **ק** **726** אַחַר] אחרי **נק** **727** וְאָמַר... הַחֲכָמִים] ח' **ק** | וְכֹחַ] והיה כח **ב** **728** פְּשָׁרָה] הפשרה **ב**,הפשרה על ידו **ק** **730** וְאָמַר... 731 נִבְרַח] ח' **ב** | נִבְרַח] נזעק **ק** **732** וְאָמַר...כֵּן] ח' **ק** | הַשּׁוֹפֵט] הדיין **ב** **733** שְׁנַיִם... 734 וְהַשּׁוֹפֵט] שנים יצטרך ויתכן כבודם טרם הצורך אליהם והם השופט והרופא **ב** | יִתָּכֵן] יצטרך **ק** | כְּבוֹדָם] כבדם **ק** **734** הָרוֹפֵא וְהַשּׁוֹפֵט] השופט והרופא **ק** **736** עָלֶיךָ[2]] ח' **ב** **737** וְתֶחֱלֶה] ח' **ב** | וְהַשּׁוֹפֵט] השופט **ק** | הוֹעִילְךָ] תועילך **ב**

[The Section] on the Technique of Logic

And he said: there are two fields of study that are not worth spending time on, except for the expectation of remuneration and their contribution to the rest of sciences, and they are grammar and logic.

And he said: just like a young man cannot learn to write until he holds a quill straight in his hand, students will not be able to study the [different] sciences until they understand the work of logic properly.

[And he said: the techniques of logic and analogy tell the student of the depths of wisdom: "This is what you are really after."[53]]

And he said: do not argue with a logician, because he will spoil your truth and be quick to catch you in your mistake.

And he said: do not install a logician as judge.

And he said: he who has spent his days only on the technique of logic has lost his soul; and he is no better than one who has spent all his life in amusement and gambling.

---

[53] That is, logic and analogy are the foundations upon which study of the rest of the sciences is built; without a good grasp of them, a student will be lost.

- הַמְּדַבֵּר בִּמְלֶאכֶת הַדִּבֵּר

וְאָמַר: שְׁנַיִם לְמוּדִים לֹא יִתָּכֵן לְכַלּוֹת בָּהֶם הַזְּמַן זוּלַת לְתִקְוַת שָׂכָר וּלְתוֹעֶלֶת לִשְׁאָר הַחָכְמוֹת וְהֵם הַדִּקְדּוּק וְהַהִגָּיוֹן.

וְאָמַר: כְּמוֹ שֶׁלֹּא יִלְמַד הַנַּעַר לִכְתּוֹב עַד [שֶׁיְּתַקְּנוּ] בְּיָדוֹ הַקּוּלְמוּס, כֵּן לֹא יִלְמְדוּ הַתַּלְמִידִים הַחָכְמוֹת עַד שֶׁהֱבִינוּם מְלֶאכֶת הַהִגָּיוֹן עַל אָפְנֶיהָ.

[וְאָמַר: תֹּאמַר מְלֶאכֶת הַהִגָּיוֹן וְהַהֶקֵּשׁ לַתַּלְמִיד בְּעִמְקֵי הַחָכְמָה: זֶה הַדָּבָר אֲשֶׁר אַתָּה מְבַקֵּשׁ.]

וְאָמַר: אַל תִּתְוַכַּח עַל בַּעַל הַהִגָּיוֹן פֶּן יִפְסַד עָלֶיךָ הָאֱמֶת וִימַהֵר לְתָפְסְךָ עַל הַטָּעוּת.

וְאָמַר: אַל תָּשִׂימוּ בַּעַל הַהִגָּיוֹן שׁוֹפֵט.

וְאָמַר: מִי שֶׁכָּלוּ יָמָיו בִּמְלֶאכֶת הַהִגָּיוֹן לְבַדָּהּ אוֹבֵד נַפְשׁוֹ, אֵין לוֹ יִתְרוֹן עַל מִי שֶׁכִּלָּה בִּצְחוֹק וּבְקוּבְיָיא כָּל שְׁנוֹתָיו.

---

739 הַמְּדַבֵּר] שער המדבר **ג**, שער **ק** | הַדִּבֵּר] הדבור **ג** **740** שְׁנַיִם] שני **נק** | זוּלַת] זולתי **ג** | לְתִקְוַת] לתקוה **ג** | לְתִקְוַת... 741 וּלְתוֹעֶלֶת] תקות תועלת **ק** **741** שָׂכָר] ח' **ג** **742** יִלְמַד] לומד **ק** | שֶׁיְּתַקְּנוּ] מ' **נק**, שתקנו **אמ** | בְּיָדוֹ... 743 הַקּוּלְמוּס] הקולמוס בידו **ק** **743** יִלְמְדוּ] למדו **ק** | הַחָכְמוֹת] למוד החכמות **ק** | שֶׁהֱבִינוּם] שהבינו **ג** **744** הַהִגָּיוֹן... אָפְנֶיהָ] ההגיון והדקדוק **ק** **745** וְאָמַר... 746 מְבַקֵּשׁ] מ' **ק** **747** אַל] ואתה אל **ק** | עַל] עם **ג**, אל **ק** | יִפְסַד] יפסיד **נק** | הָאֱמֶת] את האמת **ג** **748** לְתָפְסְךָ] לתפשך **ג** **749** וְאָמַר... שׁוֹפֵט] ח' **נק** **750** וְאָמַר] ואמר כי **ג** | לְבַדָּהּ] לבד **ג** | נַפְשׁוֹ] את נפשו **ג** **751** אֵין] ואין **ג** | לוֹ יִתְרוֹן] יתרון לו **מק** | עַל... שְׁנוֹתָיו] במי שכלה ימיו בצחוק הקוביא כל ימיו ושנותיו **ג** | בִּצְחוֹק וּבְקוּבְיָיא] בקוביא ובשחוק **ק**

And he said: two people will be praised for everything [they do]: a beautiful woman for her beauty and a logician for the fear [he provokes].

[And he said: logic for science is like meat for bread: men cannot live on meat only, but their existence is tasteless if only on bread.]

And he said: fear two people because of their lies: logicians and poets.

And he said: my faith is not strenghtened by things I have not seen, unless demonstrative proofs compel me.

וְאָמַר: שְׁנַיִם יוֹדוּ לָהֶם עַל כָּל דִּבְרֵיהֶם: הָאִשָּׁה הַיָּפָה מִצַּד יוֹפְיָהּ וּבַעַל הַהִגָּיוֹן מִצַּד יִרְאָתוֹ.

[וְאָמַר: הַהִגָּיוֹן אֵצֶל הַחָכְמוֹת כְּבָשָׂר אֵצֶל הַלֶּחֶם, עַל הַבָּשָׂר לְבַדּוֹ לֹא יִחְיֶה הָאָדָם וְעַל הַלֶּחֶם לְבַדּוֹ לֹא תִּנְעַם מִחְיָתוֹ.]

וְאָמַר: שְׁנַיִם יִתָּכֵן לִירוֹא מִפְּנֵי כְּזָבָם: הַהֶגְיוֹנִי וְהַמְשׁוֹרֵר.

וְאָמַר: לֹא [תִּתְחַזֵּק] אֱמוּנָתִי בְּמַה שֶּׁלֹּא רָאִיתִי, לוּלֵא שֶׁהַמּוֹפְתִים מַכְרִיחִים אוֹתִי.

752 עַל] ח' **ק** | כָּל] ח' **ב** **754** וְאָמַר...755 מִחְיָתוֹ] מ' **נק** **757** תִּתְחַזֵּק] מ' **ק**, תתרחק **אמ**, תחזק **ב** **758** אוֹתִי] ח' **נק**

[The Section] on Sophism

He said: a demonstrative proof for a beginner student is like perplexity.[54]

And he said: when I hear about demonstrative proofs over things that I have put very far from me, I call it sophism and go away.

And he said: if it were not for the proofs, we would expose these two as false: the philosopher and the prophet.

[And he said: belief in science by tradition is a shortcoming, and religion and demonstrative proof are in contradiction.]

And he said: do not deny [the possibility of] becoming a genuine sage in astrology: one in a thousand achieves that [status] and only one in ten thousand has true knowledge of it.

And he said: when a young man is born, the seer looks upon him to know about his death, while the pious man prays for his life.

---

[54] This epigram evokes the dedicatory epistle in Maimonides's *Moreh Nevukhim* to his pupil Rabbi Joseph (see Pines 1963, 3–4). In it Maimonides tells that Joseph demanded knowledge of the demonstrative methods of the rational theologians, which had caused the pupil to become perplexed, because he could not understand them. Maimonides then defends an orderly study of sciences, beginning with mathematics, astronomy, and logic, and writes his work to help students out of their perplexity at the study of rational theology.

- הַמְּדַבֵּר בְּהַטְעָאָה

אָמַר: הַמּוֹפֵת לְמִתְלַמֵּד אֲחִיזַת עֵינַיִם.

וְאָמַר: בְּשָׁמְעִי מוֹפֵת עַל מַה שֶׁאַרְחִיקֵהוּ מְאֹד אֶקְרָאֵהוּ הַטְעָאָה וְאֶבְרַח.

וְאָמַר: שְׁנַיִם לוּלֵא הַמּוֹפֵת הִכְזַבְנוּם וְהֵם הַפִּלוֹסוֹף וְהַנָּבִיא.

[וְאָמַר: לְהַאֲמִין בְּחָכְמָה דָּבָר מִצַּד הַקַּבָּלָה חִסָּרוֹן וּבַעַל הַמּוֹפֵת בַּדָּת סְתִירָה.]

וְאָמַר: אַל תַּרְחִיק הֱיוֹת בְּחָכְמַת הַכּוֹכָבִים חָכָם אֲמִתִּי, אֲבָל אֶחָד מֵאֶלֶף וִידִיעָתוֹ אֶחָד מֵרְבָבָה.

וְאָמַר: נוֹלַד הַנַּעַר יַבִּיט אֵלָיו הַחוֹזֶה אִם יָמוּת וְיִתְפַּלֵּל אֵלָיו הֶחָסִיד שֶׁיִּחְיֶה.

---

759 הַמְּדַבֵּר] שער המדבר **נ** | הַמְּדַבֵּר בְּהַטְעָאָה] שער ההטעאה **ק** **760** אֲחִיזַת] אחוזת **ק** | עֵינַיִם] העינים **נק** **762** וְאֶבְרַח] ח' **נק** **763** לוּלֵא...הִכְזַבְנוּם] לא הכזבנום לולא המופתים **נ** | וְהֵם] ח' **ק** | הַפִּלוֹסוֹף וְהַנָּבִיא] הנביא והפילוסוף **ק** **764** וְאָמַר...765 סְתִירָה] מ' **נק** **766** וְאָמַר] שער בתכונה. אמר **ק** | אַל] לא **ק** **767** אֶחָד[2]] אחת **נק** **768** אֵלָיו[1]] עליו **ק** | אֵלָיו[2]] עליו **ק**

And he said: astrologers[55] take the stars as controllers of everything, but there is no lord there but God, the one who put them there and made them leaders over the arrangement.

And he said: the astrologer should say "The star is in a favourable aspect," and the pious man "The heart shows proper willingness."

And he said: when a man suffers many misfortunes, he begins to get angry at his zodiac.

And he said: if you were a wise man, instead of getting angry at constellations, you would get angry at your stupidity.

And he said: if a man didn't have sexual relations with a woman in the lower world, he would not experience hardship, and would be spared the injustice and suffering of Destiny; similarly, if the sphere of the sun did not align with the sphere of the moon over the zone of Draco, there would never be eclipses.

---

[55] Literally: those who divide the heavens.

וְאָמַר: הוֹבְרֵי שָׁמַיִם הֵם מַשְׁלִיטִים הַכּוֹכָבִים עַל הַכֹּל וְאֵין שָׁם אָדוֹן בִּלְעֲדֵי הָאֵל אֲשֶׁר הֶעֱמִידָם עַל מַה שֶּׁהֵם עָלָיו וּמַנְהִיגָם עַל סֵדֶר.

וְאָמַר: יֹאמַר הַחוֹזֶה: הַכּוֹכָב בְּמַבָּט [יְדִידוּת, וְיֹאמַר הֶחָסִיד: הַלֵּב בְּחֵפֶץ] נָכוֹן.

וְאָמַר: קָרָה לְאִישׁ מִן הַסִּבּוֹת הַרְבֵּה וְהִתְחִיל לְהִתְרַעֵם עַל הַמַּזָּל.

וְאָמַר: לוּ אִישׁ חָכָם עַד שֶׁתִּתְרַעֵם עַל הַכּוֹכָב, הִתְרַעֵם עַל סִכְלוּתְךָ.

וְאָמַר: אִם לֹא קָרַב אִישׁ אֶל הָאִשָּׁה בָּעוֹלָם הַשָּׁפָל, לֹא מְצָאוּהוּ תְּלָאוֹת וְהָיָה נִמְלָט מֵעֹוֶל הַזְּמַן וְסִבְלוֹ, וְכֵן אִם לֹא נִתְחַבְּרוּ גַּלְגַּל הַשֶּׁמֶשׁ לְגַלְגַּל הַיָּרֵחַ עַל קַו הַתְּלִי לֹא קָרָה אוֹתָם הַלְּקוּת.

---

770 הוֹבְרֵי שָׁמַיִם] הוברי שמים הבורא שנאם כי **נק** **771** בִּלְעֲדֵי הָאֵל] בלעדיהם **ק** **773** יֹאמַר] אל יאמר **ק** | הַכּוֹכָב] שהכוכב **ב** | יְדִידוּת...774 בְּחֵפֶץ] מ' **ב** **774** נָכוֹן] נדון **ק** **775** קָרָה] קרא **ב** | הַסִּבּוֹת] הסבות והטלטול **נק** | וְהִתְחִיל לְהִתְרַעֵם] ויתרעם **ב** **777** אִישׁ חָכָם] חכם אחד **ק** | שֶׁתִּתְרַעֵם] שתרעם **ב** | הַכּוֹכָב] המזל **ק** **779** קָרַב] קרה **ק** | אִישׁ] האדם **ק** **780** מְצָאוּהוּ תְּלָאוֹת] מצאהו הזמן **ק** | תְּלָאוֹת] תלאות הזמן **ב** | מֵעֹוֶל] מעולו **ק** | הַזְּמַן וְסִבְלוֹ] ח' **ק** **781** לְגַלְגַּל] עם גלגל **ב**, וגלגל **ק**

And he said: the science of astrology has two sections: one deals with the knowledge of the rules of the stars and their interpretation according to their aspects, their houses, their movements, and their conditions; and the other deals with the knowledge of the number of spheres, their stars, their breadth, their distance, and their limits; and he who fears God will study both sections, but will not believe in their interpretation and will not trust their discernment.

וְאָמַר: חָכְמַת הַכּוֹכָבִים שְׁנֵי חֲלָקִים: הָאֶחָד לִידִיעַת מִשְׁפְּטֵי הַכּוֹכָבִים וְהוֹרָאוֹתָם לְפִי מַבְּטֵיהֶם וּבָתֵּיהֶם וּתְנוּעֵיהֶם וּמַצְּבֵיהֶם, וְהַשֵּׁנִי לָדַעַת מִסְפַּר הַגַּלְגַּלִּים וְכוֹכְבֵיהֶם וּמֶרְחָבָם וּמֶרְחָקָם וְשִׁיעוּרָם, וּמִי שֶׁיָּרֵא הָאֵל יִלְמוֹד שְׁנֵי הַחֲלָקִים וְלֹא יַאֲמִין הוֹרָאוֹתָם וְעַל בִּינָתָם לֹא יִשָּׁעֵן.

784 וְהוֹרָאוֹתָם] והוראתם **נק** | וּתְנוּעֵיהֶם] ותנועותיהם **מ**, ח' **נ**, ותנועותיהם בנהם **ק**
וּמַצְּבֵיהֶם...785 וּמֶרְחָבָם] ח' **ק** **785** וְכוֹכְבֵיהֶם] ח' **נ** **786** וּמִי] אמ' מי **ק** | שְׁנֵי] ח' **ק**
787 הוֹרָאוֹתָם] הוראתם **נק** | וְעַל] ואל **נ** | לֹא] אל **ק**

The Section on the Remaining Sciences

He said: the study of accounting is suitable for rich people; the science of music for the servants of kings; the science of medicine for the pursuers of honour; the science of theology to achieve union with God; the science of nature for the experts in medicine; and the technique of logic is needed by sages and suitable for the multitudes.

And he said: two things require both theoretical study and practice, and they are the virtues and religion; and there are two whose theory can be beneficial, but whose practice is heresy, and they are the recognition of the beauty of the world and magic.

And he said: leave magic for women; if you have learned all the sciences, learn it, too, so you do not lack anything; but guard yourself against practicing [it], for magicians never succeed.

And he said: study the science of music after all the sciences, so you can be called "complete;" but do not put after it even a small page, lest you ruin it.[56]

And he said: when the people of Israel lived in their kingdom, astrology was an excellence of theirs and music was part of the religion.

---

[56] That is, music should be the last of the secular sciences to be studied; any other discipline apart from the ones dicussed in the book may be harmful for the scheme of comprehensive education the author seems to be advocating.

- הַמַּאֲמָר בְּנִשְׁאָר מִן הַחָכְמוֹת

וְאָמַר: לְמוֹד חָכְמַת הַחֶשְׁבּוֹן רָאוּי לְאַנְשֵׁי הָעוֹשֶׁר, וְחָכְמַת הַנִּגּוּן לִמְשָׁרְתֵי הַמְּלָכִים, וְחָכְמַת הָרְפוּאָה לְרוֹדְפֵי הַכָּבוֹד, וְחָכְמַת הָאֱלֹקוּת לְהַשְׁלִים הַיִּיחוּד, וְחָכְמַת הַטֶּבַע לְחַכְמֵי הָרְפוּאָה, וּמְלֶאכֶת הַדִּבּוּר צְרִיכָה לַחֲכָמִים וּרְאוּיָה לֶהָמוֹן.

וְאָמַר: שְׁנַיִם רָאוּי בָּהֶם הַלִּמּוּד וְהַמַּעֲשֶׂה וְהֵם הַמִּדּוֹת הַחֲמוּדוֹת וְהַדָּת, וּשְׁנַיִם הַלִּמּוּד בָּהֶם מוֹעִיל וְהַמַּעֲשֶׂה כְּפִירָה וְהֵם הַכָּרַת [יוֹפִי] הַזְּמַן וְחָכְמַת הַכִּשּׁוּף.

וְאָמַר: עֲזוֹב חָכְמַת [ב107] הַכִּשּׁוּף לַנְּקֵבוֹת, וְאִם לָמַדְתָּ כָּל הַחָכְמוֹת לְמוֹד אוֹתָהּ בַּעֲבוּר שֶׁלֹּא תֶּחְסַר דָּבָר, וְהִשָּׁמֵר בָּהּ מִן הַפְּעוּלָּה כִּי הַמְּכַשְּׁפִים אֵינָם מַצְלִיחִים לְעוֹלָם.

וְאָמַר: לְמוֹד חָכְמַת הַנִּגּוּן אַחֲרֵי כָּל הַחָכְמוֹת בַּעֲבוּר שֶׁתִּקָּרֵא שָׁלֵם, וְאַל תְּאַחֵר אַחֲרֶיהָ דַּף קָטָן פֶּן תַּפְסִידֵהוּ.

וְאָמַר: בְּעֵת הֱיוֹת בְּנֵי יִשְׂרָאֵל בְּמַלְכוּתָם, מַעֲלָתָם הָיְתָה לָהֶם חָכְמַת הַמַּזָּלוֹת, וְחָכְמַת הַנִּגּוּן חֵלֶק מִן הַדָּת.

---

788 הַמַּאֲמָר] שער המדבר **ב** | הַמַּאֲמָר...הַחָכְמוֹת] ח' **ק** **790** הַמְּלָכִים] המלכים והשרים והגבורים **ב** | לְרוֹדְפֵי] לרודף **ק** | וְחָכְמַת²...791 הַיִּיחוּד] ח' **ק** **791** הָאֱלֹקוּת] האלהות **מ** **792** הַדִּבּוּר] הדבר **ק** **793** שְׁנַיִם] ח' **ק** | הַמִּדּוֹת] מדות **ק** **794** בָּהֶם מוֹעִיל] מועיל בהם **ב** | וְהַמַּעֲשֶׂה כְּפִירָה] ח' **ק** **795** יוֹפִי] מ' **ב**, היופי **אמ**, ויופי **ק** **797** אוֹתָהּ] גם אותה **ק** בָּהּ] ח' **ב** **799** וְאָמַר...800 תַּפְסִידֵהוּ] ח' **ב** | אַחֲרֵי] אחר **ק** **800** וְאַל...תַּפְסִידֵהוּ] ח' **ק** **801** הֱיוֹת] היו **ק** | בְּמַלְכוּתָם מַעֲלָתָם] במעלתם ובמלכותם **ק** **802** חֵלֶק...הַדָּת] ח' **בק**

And he said: if you need to fight giants, geometry will help you.

And he said: choose among the different occupations a beneficial one; and modest study is better than a heavy occupation.

וְאָמַר: אִם תִּצְטָרֵךְ לְהִלָּחֵם עִם הָעֲנָקִים תּוֹעִילְךָ חָכְמַת הַשִּׁיעוּר.

וְאָמַר: [בְּחַר] מִכָּל הַמְּלָאכוֹת הַמּוֹעִילָה, וּבְחַר הַלִּמּוּד הָרָזֶה וְהַשָּׁפָל עַל הַמְּלָאכָה הַנִּכְבֶּדֶת.

805 בְּחַר] מ' **נק** | מִכָּל הַמְּלָאכוֹת] מן המלאכות **ג**

[The Section] on Eloquent Language and Poetry

And he said: when the speech of a poet is sweet, [the value of his writing will also be pleasant.]

[And he said: when a poet is also] wise, call him "prophet."

And he said: guard yourself from the hatred of a poet, because people will believe his lies over your truth.

And he said: a poet will never annoy his clique, and there is no one whose friends are more numerous than a murderous poet: woe to the one whom the poet hates!

And he said: the advantage of the poet is that he can stay where he is and still take revenge on an enemy who is across the sea.

And he said: when you see two poets quarrelling, help one today and the other tomorrow, and let your fellow men do the same, until those participating in the battle [of poetry] increase in number and eloquence is renewed.

And he said: I held wisdom in my right hand and poetry in my left hand, and anyone wanting to compete with me is liable to die.

And he said: eloquent language is a servant of poetry.

- הַמְּדַבֵּר בִּמְלִיצָה וְשִׁיר

וְאָמַר: בְּעֵת שֶׁיִּנְעַם דִּבּוּר הַמְשׁוֹרֵר, [בִּכְתָבוֹ תִּנְעַם מַעֲלָתוֹ].

[וְאָמַר: בִּהְיוֹת הַמְשׁוֹרֵר] חָכָם, קְרָאֵהוּ נָבִיא.

וְאָמַר: הִשָּׁמֵר מִשִּׂנְאַת הַמְשׁוֹרֵר כִּי יוֹתֵר יַאֲמִינוּ כְּזָבוֹ מֵאֲמִתָּתְךָ.

וְאָמַר: לֹא יִכְבַּד הַמְשׁוֹרֵר לְעוֹלָם עַל בְּנֵי חֲבוּרָתוֹ, וְלֹא [נִמְצָא] מִי שֶׁיִּרְבּוּ אוֹהֲבָיו כִּמְשׁוֹרֵר רוֹצֵחַ, אוֹי לְמִי שֶׁיִּשְׂנָאֵהוּ.

וְאָמַר: יִתְרוֹן הַמְשׁוֹרֵר יַעֲמוֹד בִּמְקוֹמוֹ וְיִתְנַקֵּם מֵאוֹיְבוֹ אֲשֶׁר מֵעֵבֶר לַיָּם.

וְאָמַר: כַּאֲשֶׁר תִּרְאֶה שְׁנֵי מְשׁוֹרְרִים נִצִּים, עֲזוֹר הַיּוֹם לְאֶחָד וּמָחָר לַשֵּׁנִי, וְיַעֲשׂוּ כָּכָה זוּלָתְךָ, עַד שֶׁיִּרְבּוּ שׁוֹמְרֵי הַמַּעֲרָכָה וְיִתְחַדְּשׁוּ הַצַּחוּיוֹת.

וְאָמַר: הֶחֱזַקְתִּי הַחָכְמָה בִּימִינִי וְהַשִּׁיר בִּשְׂמָאלִי, וְהָיָה כָּל הָעוֹרֵךְ עִמִּי מְסוּכָּן.

וְאָמַר: הַמְּלִיצָה מְשָׁרֶת הַשִּׁיר.

---

807 הַמְּדַבֵּר...וְשִׁיר] שער המדבר במליצה ובשיר **נ**, שער במליצה ובשיר **ק** **808** בִּכְתָבוֹ... מַעֲלָתוֹ] מ' **נק** **809** וְאָמַר...הַמְשׁוֹרֵר] מ' **ק** | וְאָמַר...נָבִיא] ח' **נ** | קְרָאֵהוּ] יראה **ק** **810** כְּזָבוֹ] כזביו **נ**, בכזביו **ק** **811** מֵאֲמִתָּתְךָ] מאמונתך **נ**, מאמתותיך **ק** **812** וְאָמַר...813 שֶׁיִּשְׂנָאֵהוּ] ח' **נ** **813** נִמְצָא] מ' **ק**, תשנא **אמ** **814** הַמְשׁוֹרֵר] למשורר **ק** | יַעֲמוֹד] כי יעמוד **נ** | וְיִתְנַקֵּם] וינקם **ק** **816** מְשׁוֹרְרִים] המשוררים **נ** | נִצִּים] ח' **ק** | עֲזוֹר] עזוב **נ** **819** הֶחֱזַקְתִּי...בִּימִינִי] החזק בחכמה לימיני **נ**

And he said: if it were not for the *meshalim* in poems, religions would not survive, because the intention of every poem is to strengthen faith and to increase belief through the sweetness of eloquent language and the pleasantness of *meshalim* to which the soul inclines; hearts will awaken towards them, and those who listen will praise them because their interpretation is truthful.

And he said: most of the genuine poets who have lived until this day railed against Destiny and raged against its inconstancy.

And he said: I have not found a dispute that causes real and just happiness like the dispute between two poets.

[And he said: the power of the poet does not lie in teaching the ways of poetry to others; but when he makes a student persevere in reading his letters and books, the student will see what to renew and will strive to correct all the poet's distortions.]

And he said: when the heart of a poet is bitter, his poetry will be sweet; and when troubles press him, his language will be eloquent, as is the case of a woman in mourning.

וְאָמַר: לוּלֵא מִשְׁלֵי הַשִּׁירִים לֹא יַעַמְדוּ הַדָּתוֹת, בַּעֲבוּר כִּי דֶרֶךְ כָּל שִׁיר לְחַזֵּק דָּתוֹ וּלְגַדֵּל אֱמוּנָתוֹ בְּנוֹעַם הַמְּלִיצָה וַעֲרֵבוּת הַמְּשָׁלִים אֲשֶׁר תִּטֶּה הַנֶּפֶשׁ אֲלֵיהֶם, וְיִתְעוֹרְרוּ אֲלֵיהֶם הַלְּבָבוֹת וְיוֹדוּ עֲלֵיהֶם הַשּׁוֹמְעִים אַחַר שֶׁהַכַּוָּנָה אֱמֶת.

וְאָמַר: רוֹב הַמְּשׁוֹרְרִים הָאֲמִתִּיִּים אֲשֶׁר הָיוּ עַד הַיּוֹם הֱלִינוּ עַל הַזְּמַן וַיִּתְרַעֲמוּ עַל הַתְּמוּרוֹת.

וְאָמַר: לֹא מָצָאתִי מְרִיבָה שֶׁיִּשְׂמְחוּ עָלֶיהָ בְּיוֹשֶׁר וֶאֱמֶת כִּמְרִיבַת שְׁנֵי הַמְּשׁוֹרְרִים.

[וְאָמַר: אֵין כֹּחַ הַמְּשׁוֹרֵר לְלַמֵּד דַּרְכֵי הַשִּׁיר לְזוּלָתוֹ, אַךְ כְּשֶׁיַּתְמִיד לְתַלְמִיד קְרִיאָה אִגְּרוֹתָיו וּסְפָרָיו, וְשֶׁיַּרְאֵהוּ הַתַּלְמִיד כָּל מַה שֶּׁתְּחַדֵּשׁ וְיִשְׁתַּדֵּל עַל כָּל מַעֲוָתוֹ לְתַקֵּן אוֹתָם.]

וְאָמַר: כַּאֲשֶׁר יֵמַר לֵבַב הַמְּשׁוֹרֵר יִמְתַּק שִׁירוֹ, וְכַאֲשֶׁר תְּאִיצֶנָּה אוֹתוֹ הָרָעוֹת תִּיטַב מְלִיצָתוֹ כִּדְמוּת הָאִשָּׁה הַמְּקוֹנֶנֶת.

---

822 הַשִּׁירִים] השירים הערבים **נק** | יַעַמְדוּ] עמדו **ק** **823** שִׁיר] אומה **נ** | בְּנוֹעַם] בה עם **ק** **824** הַמְּשָׁלִים] המשלים והשירים **נ** | תִּטֶּה] תאות **נ** | אֲלֵיהֶם[1] עליהם **נ** | אֲלֵיהֶם הַלְּבָבוֹת] הלבבות עליהם **נ**, הלבבות לקראתם **ק** **825** עֲלֵיהֶם הַשּׁוֹמְעִים] השומעים אליהם **נ** **826** וְאָמַר...827 הַתְּמוּרוֹת] ח' **נ** | הָאֲמִתִּיִּים] ח' **ק** **827** וַיִּתְרַעֲמוּ] ונתרעמו **ק** **828** וְאָמַר...829 הַמְּשׁוֹרְרִים] ח' **ק** | שֶׁיִּשְׂמְחוּ] שישחו **נ** **830** וְאָמַר...832 אוֹתָם] מ' **נק** אֵין] ח' **ק** **831** קְרִיאָה] קריאת **ק** **832** שֶׁתְּחַדֵּשׁ] שיחדש **ק** | מַעֲוָתוֹ] מעוותיו **ק** **833** לֵבָב] לב **נ** **834** תִּיטַב] תטיב **נ** | הָאִשָּׁה הַמְּקוֹנֶנֶת] אשה מקוננת **נ**

And he said: eloquent speakers and poets can make the miser seem generous, the generous man seem prolific, and the king seem to acquire glory through them, for they are masters of *musar* since the beginning of times.

[And they said: composing poetry is very tiring, but the goal is [to attract] the generosity of those who appreciate its value when you show it to them.]

And he said: the genuine poet should not decide to send his poems out the moment his mind has given birth to them, for what he values today he might despise tomorrow; so he should not rely on himself in matters of eloquence and should ask [for help] from another lover of poetry [to refine his intentions.]

[And he said: the spirit of a poet whose poems are perfect we call the spirit of God; while that of the poet whose poems are neither organised nor revised we call an evil and insane spirit.]

And he said: poets who do not collect their poems are like the one who harvests a field stalk after stalk, but then sprinkles them in the air, and finds that he finished harvesting the field, but holds nothing in his hands.

וְאָמַר: אַנְשֵׁי הַמְּלִיצָה וְהַמְשׁוֹרְרִים יָשׁוּב אֶצְלָם הַכִּילַי [נָדִיב], וְהַנָּדִיב מְפַזֵּר, וְיִתְיַקֵּר בָּהֶם הַמֶּלֶךְ, וְהֵמָּה בַּעֲלֵי מוּסָר אֲשֶׁר מֵעוֹלָם.

[וְאָמַר: הַחֲרוּזִים יְגִיעָה רַבָּה בְּהֵעָשׂוֹתָם, וְתַכְלִית רוֹחַב הַלֵּב בְּהֵרָאוֹתָם לִפְנֵי מַכִּירִים עֶרְכָּם.]

וְאָמַר: אֵין הַמְשׁוֹרֵר הָאֲמִתִּי גּוֹזֵר הַפְלָגָה עַל שִׁירוֹ תֶּכֶף שֶׁיְּלָדַתְהוּ הַמַּחֲשָׁבָה, גַּם אֲשֶׁר יִבְחַר הַיּוֹם מוֹאֵס מָחָר, אֵינֶנּוּ נִשְׁעָן מִן הַצַּחוּת עַל עַצְמוֹ, אֲבָל שׁוֹאֵל עֲלֵיהֶם אֶחָד מְשׁוֹחֲרֵי הַשִּׁיר [וְיִצְרֹף הַכַּוָּנוֹת].

[וְאָמַר: רוּחַ הַמְשׁוֹרֵר הַשּׁוֹפֵעַ שִׁיר כֻּלּוֹ נִבְחַר, קְרָאנוּהוּ רוּחַ אֱלֹהִים, וְהַשּׁוֹפֵעַ כַּמּוּת הַדְּבָרִים מִבְּלִי הַפְלָגָה וְלֹא יְתַקְּנֵם, קְרָאנוּהוּ רוּחַ רָעָה סִבַּתָּה הַטֵּרוּף.]

וְאָמַר: הַמְשׁוֹרְרִים אֲשֶׁר [לֹא] יְקַבְּצוּ שִׁירֵיהֶם כְּקוֹצֵר כָּל שָׂדֵהוּ שִׁבֹּלֶת שִׁבֹּלֶת וְזוֹרֶה לָרוּחַ כָּל שִׁבֹּלֶת מֵהֶם וְנִמְצָא קָצָר כָּל הַשָּׂדֶה וּמְאוּמָה אֵין בְּיָדוֹ.

836 נָדִיב] מ' **נק** | וְיִתְיַקֵּר...837 מֵעוֹלָם] ח' **נק** **838** וְאָמַר...839 עֶרְכָּם] מ' **נק**
839 מַכִּירִים] מבחיני **ק** **841** מוֹאֵס מָחָר] ימאס למחר **נ** | אֵינֶנּוּ] ואיננו **נ**, אינו **ק**
842 מְשׁוֹחֲרֵי] מבעלי **נ** **843** וְיִצְרֹף הַכַּוָּנוֹת] מ' **ק** **844** וְאָמַר...846 הַטֵּרוּף] מ' **ק**
847 לֹא] מ' **נק** | כָּל...848 שָׂדֵהוּ] ח' **נ** **848** קָצָר] קוצר **ק** **849** הַשָּׂדֶה] שדהו **ק**
וּמְאוּמָה...בְּיָדוֹ] ואין בידו מאומה **נ**

And he said: if someone asks for your poems and you have already compiled them, bring out your best book, so you are not in need of seeking and searching for your honourable poems or working hard to write them again for those who ask for them.

And he said: the advantage of the poet over the sage is that people of science study only the opinions of others, and their own opinions are taken for invention, while people of poetry have their own poems, and the use of others' opinions is considered theft.

And he said: the poverty of poets is the happiness of generous men.

And he said: he who speaks well of a poet is wise, and he who covers him with words of quarrel hates himself; for this reason, be aware of what you say about a poet, because he will be happy if you curse him.

And he said: wisdom can be acquired through eagerness, but poetry is always a heritage from nature.

And he said: faith in God is increased by the *piyyuṭim* of orators, the verses of poets, and the sermons of sages.

[And he said: there are two things to consider when writing authentic poems: conciseness in the content and precision in the choice of words.]

וְאָמַר: לוּ יִשְׁאָלוּךָ עַל שִׁירֶיךָ וְאַתָּה כְּבָר אָסַפְתָּ אוֹתָם, תּוֹצִיא סִפְרְךָ הַטּוֹב, שֶׁתִּצְטָרֵךְ לָתוּר וְלִדְרוֹשׁ שִׁירֶיךָ הַיְּשָׁרִים אוֹ מִלִּשְׁקוֹד וּלְחַדֵּשׁ שִׁירִים יְפוּרְסְמוּ לַמְּבַקְשִׁים.

וְאָמַר: יִתְרוֹן לַמְּשׁוֹרֵר עַל הֶחָכָם, כִּי אַנְשֵׁי הַחָכְמָה לֹא יִלְמְדוּ רַק דֵּעוֹת זוּלָתָם, וּדְעוֹתָם לָהֶם מְצִיאָה, וְאַנְשֵׁי הַמְּלִיצָה כָּל שִׁירֵיהֶם מֵהֶם, [וְדֵעוֹת זוּלָתָם] לָהֶם גְּנֵבָה.

וְאָמַר: רֵישׁ הַמְּשׁוֹרְרִים שִׂמְחַת הַנְּדִיבִים.

וְאָמַר: מִי שֶׁיְּדַבֵּר עַל הַמְּשׁוֹרֵר טוֹבָה הוּא חָכָם, וְהַמְחַפֶּה עָלָיו דִּבְרֵי רִיבוֹת שׂוֹנֵא נַפְשׁוֹ, עַל כֵּן הִשָּׁמֵר מַה תְּדַבֵּר עַל הַמְּשׁוֹרֵר כִּי הוּא שָׂמֵחַ אִם תְּחָרְפֵהוּ.

וְאָמַר: הַחָכְמָה בְּיַד הַזְּרִיזִים וְהַשִּׁיר לְעוֹלָם יְרוּשָּׁה מִן הַטֶּבַע.

וְאָמַר: הֶעֱמִידוּ הַמְּלִיצִים אֱמוּנַת הַבּוֹרֵא בְּפִיּוּטֵיהֶם, וְהַמְּשׁוֹרְרִים בַּחֲרוּזֵיהֶם, וְהַחֲכָמִים בִּדְרָשׁוֹתֵיהֶם.

[וְאָמַר: בְּקִבְצֵי הַשִּׁיר הָאֲמִתִּי, שְׁנַיִם: הַקִּצּוּר מִמָּה שֶׁיִּכּוֹנוּ בּוֹ, וְהַצַּחוּת בִּבְחִינַת הַמִּילִים.]

850 וְאָמַר... 852 לַמְּבַקְשִׁים] ח' **ב** | לוּ... 851 הַיְּשָׁרִים] לו ישאלך איש על שריך ואתה כבר אספת אותם, תוציא ספריך ונצלת מאחת משתים: אם מלתור ולדרוש שיריך הישינים **ק** **854** דֵּעוֹת] לעות **ב** **855** וְדֵעוֹת זוּלָתָם] מ' **נק**, זולתם ודעות **אמ** **856** רֵישׁ] ח' **ב** | רֵישׁ... הַנְּדִיבִים] רוב המשוררים חברת הנדיבים **ק** **860** וְאָמַר... 861 הַטֶּבַע] ח' **נק** **864** וְאָמַר... 865 הַמִּילִים] מ' **ק**

And he said: when a poet composes a metrical poem, many things overflow his mind: many of the verses are long because of the metre, but he should prefer the short ones and reject whatever requires lengthening of expressions, resembling a knight riding a horse through a narrow path in a high mountain: the horse whines and gallops, and the knight needs to take the bridle and quiet the horse. [Regarding] the composer of rhymed prose without metre—his path is broader, but he still needs to be careful,[57] like a gazelle that runs graciously, but is vigilant for pits and holes in front of it into which it might fall, [and] also looks back and is cautious. However, the composer of prose without rhyme is like a bird that has just escaped from the hunting trap and does not cease fluttering until it reaches the nest.

And he said: a delectable poem is for the soul like a powerful spice: anyone who smells it sneezes, and the sweetness of the poem is like wind that gets into the thoughts and spreads over every part of the body.

And he said: if you want something to be known, put it in verse, because if you put it in a book, it will never be known.

And he said: he who boasts about a poem that is not his, causes others to mock him.

---

[57] Literally: to stop and stand.

וְאָמַר: בְּהִתְעוֹרֵר [הַמְשׁוֹרֵר] עַל שִׁיר שָׁקוּל [יִשְׁפָּעוּהוּ] הֲמוֹן הַדְּבָרִים, וְרוֹב הַמְשָׁלִים הַצְּרִיכִים הַרְחָבַת לָשׁוֹן הוּא בְּסִבַּת הַמִּשְׁקָל, יֹאהַב הַקָּצוּר וְיִבְעַט בְּרוֹב מַה שֶּׁיְּבוֹאֵהוּ [א108] מֵהַרְחָבַת הַטְּעָמִים וַאֲרִיכוּתָם, וְהוּא כִּדְמוּת פָּרָשׁ רוֹכֵב עַל סוּסוֹ בְּהַר גָּבוֹהַּ קְצַר הַדֶּרֶךְ וְיִצְהַל הַסּוּס וְיִתְגַּעֵשׁ, יַחֲזִיק הַפָּרָשׁ רִסְנוֹ וְיַשְׁקִיטֵהוּ. וּבַעַל הַמְּלִיצָה עִם הַחֲרוּזִים מִבְּלִי שֶׁיִּשְׁמוֹר בָּהּ הַמִּשְׁקָל, הַדֶּרֶךְ לְפָנָיו יוֹתֵר רָחָב וְעוֹדֶנּוּ צָרִיךְ הַיִּשּׁוּב וְהָעֲמִידָה, כִּדְמוּת הַצְּבִי הַקַּל בְּרוּצוֹ, יִשְׁמוֹר תָּמִיד אִם כָּרוּ לְפָנָיו שׁוּחוֹת וּמְעָרוֹת יִפּוֹל בָּהֶם וְכֵן יַבִּיט אַחֲרָיו וְיִזָּהֵר. וְאוּלָם בַּעֲלֵי הַמְּלִיצָה בְּלִי חֶרֶז, בִּדְמוּתָהּ צִפּוֹר הַנִּמְלָט מֵרֶשֶׁת הַצַּיָּד לֹא יֶחְדַּל מֵהִתְעוֹפֵף עַד הַגִּיעוֹ אֶל קִנּוֹ.

וְאָמַר: הֱיֵה הַשִּׁיר הֶעָרֵב לַנְּפָשׁוֹת כַּסַּם הֶחָזָק: כָּל מְרִיחוֹ יִתְעַטֵּשׁ, וְעַרְבוּת הַשִּׁיר רוּחַ נִכְנַס בְּרַעְיוֹנִים מִתְפַּשֵּׁט בְּכָל חַדְרֵי הַגְּוִיָּה.

וְאָמַר: אִם תִּרְצֶה שֶׁיִּתְפַּרְסֵם עִנְיָן מִן הָעִנְיָנִים שִׂימֵהוּ בְּשִׁיר, וְאִם תְּשִׂימֵהוּ בְּסֵפֶר לֹא יִתְפַּרְסֵם בְּחַיֶּיךָ.

וְאָמַר: בְּהִתְפָּאֵר בְּשִׁיר שֶׁאֵינוֹ מִמֶּנּוּ יָבִיא שֶׁיַּלְעִיגוּ עָלָיו.

---

866 הַמְשׁוֹרֵר] מ' **נק** | יִשְׁפָּעוּהוּ] מ' **נק**, ישמעוהו **אמ** **867** לָשׁוֹן] הלשון **ב** | הוּא] והוא **נק**
868 מַה שֶּׁיְּבוֹאֵהוּ] ח' **ב** **870** יַחֲזִיק] ויחזיק **ק** **871** בָּהּ] מן **ב** **872** יוֹתֵר] ויותר **ק**
873 יִשְׁמוֹר] ישמור נפשו **ב** | תָּמִיד] תמיד ופניו **ב**, תמיד לפניו **ק** **874** וּמְעָרוֹת] ח' **ק**
אַחֲרָיו] לאחריו **ב** | בַּעֲלֵי] בעל **ק** **875** בִּדְמוּתָהּ] כדמות **ק** | בִּדְמוּתָהּ צִפּוֹר] הוא כדמות הצפור **ב** **876** מֵהִתְעוֹפֵף] מלהתעופף **ק** **877** הֱיֵה] יהי **ק** | כָּל] ח' **ק** **878** יִתְעַטֵּשׁ] יעטש **ק** | רוּחַ] הוא רוח **ב** | מִתְפַּשֵּׁט] יושב **נק** **880** שֶׁיִּתְפַּרְסֵם] שיתרפסם **ב**, ח' **ק** **881** וְאִם] שאם **ב** **882** בְּהִתְפָּאֵר] מי שהתפער **ב** | שֶׁאֵינוֹ מִמֶּנּוּ] מי שאינו ממינו **נק** | שֶׁיַּלְעִיגוּ] ח' **ק**

And he said: before praising a generous man, the poet should examine the capacity of his hand and the generosity of his heart.

[And he said: even he who sees Destiny as futility will be afraid of poets.]

And he said: poetry is the ascending path to acquire virtue, a good position, the company of respected people, and closeness to kingship; ethical principles and moral behaviour are held in its wings: its possessor does not have to worry at all.

And he said: there are two fields of study that cannot exist one without the other, and they are grammar and poetry.

And he said: of food, choose that which gives you life; of clothes, those that do not denigrate you; and of grammar, what keeps you from mistakes.

And he said: punctuation is the perfection of grammar, so you must have knowledge of it, but do not make it your profession.

And he said: choose a humble occupation before needing your fellow men; die in the corner of a house lacking everything before accumulating wealth through injustice and fraud; in your compositions, choose the *qal* form among all the grammatical verb forms before resorting to the heavy ones.

וְאָמַר: טֶרֶם שֶׁיְּהַלֵּל הַמְשׁוֹרֵר אֶת הַנָּדִיב, שְׁאַל עַל מִסַּת יָדוֹ וְעַל נְדִיבוּת לִבּוֹ.

[וְאָמַר: הַזְּמַן יִרְאוּהוּ הֶבֶל וְהוּא יָרֵא מִן הַמְשׁוֹרֵר.]

וְאָמַר: הַשִּׁיר הוּא הַמְּסִלָּה הָעוֹלָה אֶל קִנְיַן הַמִּדּוֹת הַטּוֹבוֹת וְאֶל הַמִּשְׂרָה וְחֶבְרַת הַנִּכְבָּדִים וְקוּרְבַת הַמַּלְכוּת, וְהַמּוּסָר וְהַהַנְהָגָה הַטּוֹבָה אֲחוּזִים בִּכְנָפָיו, וּבְעָלָיו רָחוֹק שֶׁיִּדְאַג.

וְאָמַר: שְׁנֵי לִמּוּדִים לֹא יִתָּכֵן הָאֶחָד מִבְּלִי רֵעֵהוּ וְהֵם הַדִּקְדּוּק וְהַשִּׁיר.

וְאָמַר: בְּחַר מִן הָאוֹכֶל מַה שֶּׁתִּחְיֶה בּוֹ, וּמִן הַמַּלְבּוּשִׁים מַה שֶּׁלֹּא תִתְגַּנֶּה בָּהֶם, וּמִן הַדִּקְדּוּק מַה שֶּׁיִּשְׁמָרְךָ מִן הַטָּעוּת.

וְאָמַר: הַנִּקּוּד הוּא מִכְּלַל הַדִּקְדּוּק, שִׂימֵהוּ מִיְּדִיעָתְךָ וְלֹא מִמְּלַאכְתְּךָ.

וְאָמַר: בְּחַר הַמְּלָאכָה הַשְּׁפָלָה טֶרֶם שֶׁתִּצְטָרֵךְ לְזוּלָתְךָ, וּמָוֶת בְּחֶסְרוֹן כֹּל בְּיַרְכְּתֵי הַבַּיִת טֶרֶם שֶׁתִּכְנוֹס הָעוֹשֶׁר בְּעָוֶל וּבְתַרְמִית, וּבְחַר בִּמְלִיצוֹתֶיךָ פּוֹעַל הַקַּל מִכָּל בִּנְיְנֵי הַדִּקְדּוּק טֶרֶם שֶׁתִּצְטָרֵךְ אֶל הַכְּבֵדִים.

---

883 שְׁאַל] ישאל **נק** **885** וְאָמַר...הַמְשׁוֹרֵר] מ' **ב** **886** וְאָמַר...888 שֶׁיִּדְאַג] ח' **ב** | קִנְיַן... 887 הַמִּשְׂרָה] המשרה וקנין מדות הטובות **ק** **888** הַטּוֹבָה] ח' **ק** | אֲחוּזִים] אחוזה **ק** שֶׁיִּדְאַג] שידאג ולא נמצא חכם יתכן לו שילחם עם כל שכניו זולתו **ק** **889** מִבְּלִי] מבלתי **ק** **890** הַדִּקְדּוּק] הדקוק **ב** **892** מִן הַטָּעוּת] מהטעות **ק** **893** וְאָמַר...894 מִמְּלַאכְתְּךָ] ח' **ב** **896** הַבַּיִת] ביתיך **נק** **897** וּבְתַרְמִית] ותרמית **ב** | וּבְחַר] ואמר בחר **ק** | פּוֹעַל הַקַּל] הבנין הקל **ב**, הפעל קל **ק** **898** אֶל הַכְּבֵדִים] לכבדים **ב**

[And he said: just as the poet avoids the heavy verb forms and chooses the *qal* form, the intelligent prefers a light action and tries to avoid the difficult ones.[58]]

And he said: language is like a sick person, and proper grammar will cure it.

And he said: if it were not for authority, we would be eating one another; if it were not for evil people, we would not remember the virtue of pious people; if it were not for pious people, we would not know the Creator; if it were not for the Creator's mercy [shown] to us by granting us grammar, language would be corrupt and the Torah would be lost.

And he said: if you are a grammarian, you will get honour from poets all the time, and from the Torah scholars, but this only on Sabbaths.

And he said: the proportion of what a man can understand of rational things is like the proportion of what a fly can appreciate of the sweetness of flowers.

[And he said: be angry at an intelligent man without wisdom, and not at a naïve one.]

And he said: as a father, spend your fortune in making [your sons] wise, because there is treasure in its bags.

---

[58] The author plays here with the double meaning of the word פועל as 'verb' and 'action'.

[וְאָמַר: כַּאֲשֶׁר יִבְרַח הַמֵּלִיץ מִן הַפְּעָלִים הַכְּבֵדִים וְיִבְחַר בְּפֹעַל [הַקַּל], כֵּן יִבְחַר הַמַּשְׂכִּיל בְּפֹעַל הַקַּל וְיִבְרַח מִן הַפְּעָלִים הַכְּבֵדִים.]

וְאָמַר: הַלָּשׁוֹן חוֹלָה וְהַדִּקְדּוּק נִקּוּי יְרַפְּאֵהוּ.

וְאָמַר: לוּלֵא הָאֲדוֹנוּת הָיִינוּ בּוֹלְעִים אִישׁ אֶת אָחִיו, לוּלֵא הָרְשָׁעִים לֹא זָכַרְנוּ לַחֲסִידִים מַעֲלָתָם, וְלוּלֵא הַחֲסִידִים לֹא הִכַּרְנוּ הַבּוֹרֵא, וְלוּלֵא חֶמְלַת הַבּוֹרֵא עָלֵינוּ בְּמַה שֶׁחָנַן אוֹתָנוּ הַדִּקְדּוּק נִשְׁחַת הַלָּשׁוֹן וְאָבְדָה הַתּוֹרָה.

וְאָמַר: הֱיוֹת מְדַקְדֵּק תִּתְכַּבֵּד מִן הַמְּשׁוֹרְרִים [תָּמִיד] וּמִבַּעֲלֵי הַתּוֹרָה בְּשַׁבָּת בִּלְבַד.

וְאָמַר: שִׁיעוּר הֲבָנַת הָאָדָם מִן הַמּוּשְׂכָּלוֹת כְּשִׁיעוּר טַעַם הַזְּבוּב מִמְּתִקַת הַפְּרָחִים.

[וְאָמַר: הִתְרַעֵם מִן הַמַּשְׂכִּיל [מִבְּ]לִי חָכְמָה וְאַל תִּתְרַעֵם עַל הַפֶּתִי.]

וְאָמַר: פַּזֵּר הוֹנְךָ כְּאָב [בַּחָכְמָה] כִּי יֵשׁ מַטְמוֹן בְּאַמְתְּחוֹתֶיהָ.

---

899 וְאָמַר...901 הַכְּבֵדִים] מ' **ק** **902** יְרַפְּאֵהוּ] ויתרפה **ג** **903** הָאֲדוֹנוּת] האדונים **ג** לוּלֵא[2]] ולולא **נק** **904** הִכַּרְנוּ] היינו מכירים **ג** **905** בְּמַה] ח' **ק** **906** נִשְׁחַת] היה נשחת **ג**, ונשחת **ק** **907** וְאָמַר...מְדַקְדֵּק] ח' **ק** | הֱיוֹת] היית **מ**, אם היית **ג** | מִן הַמְּשׁוֹרְרִים] מהמשוררים **ג** | תָּמִיד] מ' **נק** **908** וּמִבַּעֲלֵי] ובבעלי **ק** | בִּלְבַד] לבד **ג**, ח' **ק** **910** מִמְּתִקַת] מן ממתקת **ק** **911** וְאָמַר...912 הַפֶּתִי] מ' **ג** **913** כְּאָב] ח' **נק** | בַּחָכְמָה] מ' **נק**, בהחכמה **אמ**

And he said: do not despise a poor wise man, for if you saw a gem in the ashes of a fire, you would run to get it.

And he said: there is no honour in a sage with pedigree while he still needs *musar*.

And he said: when you look for a counsellor who does not betray, choose a poor sage.

[And he said: a silent sage is more helpful than a chattering fool.]

וְאָמַר: אַל תָּבוּז הַשֵּׂכֶל הַמִּסְכֵּן, שֶׁאִם רָאִיתָ בְּדוֹלַח בֵּין הַמִּשְׁפְּתַיִם, כְּבָר הָיִיתָ רָץ לִקְרָאתוֹ.

וְאָמַר: מַה נִּכְבָּד הֶחָכָם עִם הַיַּחַס וְעוֹדֶנּוּ צָרִיךְ אֶל הַמּוּסָר.

וְאָמַר: כַּאֲשֶׁר תְּבַקֵּשׁ יוֹעֵץ אֲשֶׁר לֹא יִבְגּוֹד, בְּחַר הֶחָכָם הָרָשׁ.

[וְאָמַר: הוֹעִיל הֶחָכָם בְּהַחֲרִישׁוֹ מִן הַכְּסִיל בְּדִבּוּרוֹ.]

---

915 הַשֵּׂכֶל] לשכל **נק** | שֶׁאִם] כי אם **ק** **916** לִקְרָאתוֹ] לקחתו **ק** **917** וְאָמַר...הַמּוּסָר] ח' **נ** | מַה...הַמּוּסָר] מה נכבד החכם ועודנו צריך ההצלחה, ומה נכבד המיוחס עם העושר ועודנו צריך אל המוסר **ק** **918** בְּחַר] בקש **נ** **920** וְאָמַר...בְּדִבּוּרוֹ] מ' **ק**

This is all that I deemed memorable in order to fulfil your desire and satisfy your request by this time. It is enough for us at the tender and childish age we find ourselves, since you know, my brother, that I am seventeen years old now at the completion of your request. And if it were not for the fact that I am busy with the study of other important subjects, this composition would be better and more desirable.

And God, may He be blessed, the judge of intentions, the examiner of hearts, and the combiner of important things, after all these things—we ask of him love and grace to lead us to succeed in worshiping him and knowing him properly, that we have the opportunity to ascend to the upper heaven and that we are worthy of the imminent arrival of the Messiah, with the alliance of the people of Israel, so be the will [of God]; and let us say amen.

'The Book of the Orchard' is complete. Let our prayer reach you.

זֶהוּ כְּלָל מַה שֶּׁרָאִיתִי זִכְרוֹנוֹ בְּהַמְצָאַת חֲפָצֶיךָ וּמִלּוּי שְׁאֵלָתְךָ לְפִי הַשָּׁעָה. וְדַי בּוֹ לָנוּ עִם רַכּוּת הַשָּׁנִים וִימֵי הַיַּלְדוּת אֲשֶׁר אֲנַחְנוּ בּוֹ, כַּאֲשֶׁר יְדַעְנִי אָחִי בֶּן שְׁבַע עֶשְׂרֵה הַיּוֹם בְּהִמָּלֵא שְׁאֵלָתְךָ. וְלוּ לֹא הִטְרִידָנוּ עִיּוּן בִּשְׁאָר עִנְיָנִים נִכְבָּדִים מֵהֶם גְּבוֹהִים עֲלֵיהֶם אֶיפְשָׁר שֶׁהָיָה חִבּוּרֵנוּ יוֹתֵר מְתוּקָּן וְיוֹתֵר נִרְצֶה.

וְהָאֵל יִת[בָּרֵךְ] שׁוֹפֵט הַכַּוָּונוֹת וּבוֹחֵן הַכְּלָיוֹת וּמְצָרֵף הָעִנְיָנִים הַגְּדוֹלִים, וְאַחַר אֵלּוּ הַדְּבָרִים, נִשְׁאַל מִמֶּנּוּ הָאַהֲבָה וְהָרִצּוּי שֶׁיַּדְרִיכֵנוּ לְהַצְלִיחַ בַּעֲבוֹדָתוֹ וִידִיעָתוֹ הָאֲמִתִּית, וְיִהְיֶה לָנוּ פְּנַאי לַעֲלוֹת אֶל הַמַּעֲלָה הָעֶלְיוֹנָה וְנִזְכֶּה בְּקָרוֹב בְּבִיאַת הַגּוֹאֵל, עִם כָּל יִשְׂרָאֵל חֲבֵרִים, וְכֵן יְהִי רָצוֹן, וְנֹאמַר אָמֵן.

נִשְׁלַם סֵפֶר הַפַּרְדֵּס. תָּ[בֹא] לְ[פָנֶיךָ] תְּ[פִלָּתֵנוּ].

---

921 זִכְרוֹנוֹ] לזכרו **ב** | בְּהַמְצָאַת] בהמציאך **ק** | חֲפָצֶיךָ] חפצך **בק** **922** לְפִי הַשָּׁעָה] ח' **ב** בּוֹ] ח' **ק** | לָנוּ] לא **ב** **923** יְדַעְנִי] ידעת **ב** | בֶּן] זה **ב** | שְׁבַע עֶשְׂרֵה] שבע עשרה שנה **בק** הַיּוֹם] ח' **ב** **924** שְׁאֵלָתְךָ] שאלתך ורצונך **ק** | וְלוּ] ואלו **בק** | הִטְרִידָנוּ] הטרידוני **ב** | עִיּוּן] הזמן **ב** | מֵהֶם] ח' **ק** **925** גְּבוֹהִים] וגבוהים **בק** | חִבּוּרֵנוּ] דבורנו **בק** **926** וְהָאֵל...930 אָמֵן] והאל שופט הכונות ובוחן הענינים וממנו נשאל האהבה והרצוי להצליח בעבודתו וידיעתו הגדולה האמתית וחכמתו הכללית אשר אין לה שיעור. אמן **ק** | שׁוֹפֵט] הוא השופט **ב** **928** שֶׁיַּדְרִיכֵנוּ] שידריכנו וינהלנו **ב** | וִידִיעָתוֹ] ויראתו **ב** **929** הָעֶלְיוֹנָה] הרמה והנ[ור]אה והנפלאת **ב** **930** חֲבֵרִים] ויקיים בנו מקרא שכתוב אז ההפוך אל עמים שפה ברורה לקרא כלם בשם ה' ולעבדו שכם אחד **ב** **931** נִשְׁלַם...תְּפִלָּתֵנוּ] נשלם ספר הפרדס במליצות והנהגה הגדולה והנכבדת והמפוארה ת"ל יתֹ' ויתֹ' שמו וזכרו תמיד לנצח נצחים, אמן, ישתבח העוזר והסומך, בריך רחמנא דסייען כן יסייענו עד עולם **ב**, ח' **ק** | תָּבֹא...תְּפִלָּתֵנוּ] ח' **מ**

REFERENCES

Allony, Nehemiah. 1945–1946. דונש בן לברט: שירים. Jerusalem: Mossad Harav Kook.

Ben-Shalom, Ram. 2009. 'The Tibbonides' Heritage and Christian Culture: Provence, c. 1186–c. 1470'. In *Des Tibbonides à Maïmonide: Rayonnement des juifs andalous en Pays d'Oc médiéval*, edited by Danièle Iancu-Agou and Élie Nicolas, 109–19. Paris: Éditions du Cerf.

———.2017a. *The Jews of Provence and Languedoc: Renaissance in the Shadow of the Church*. Raanana: The Open University of Israel.

———. 2017b. '*Translatio Andalusiae*: Constructing Local Jewish Identity in Southern France'. *Revue de l'histoire des religions* 234/2: 273–96.

Brann, Ross. 1991. *The Compunctious Poet: Cultural Ambiguity and Hebrew Poetry in Muslim Spain*. Baltimore, MD: The Johns Hopkins University Press.

———. 2000. 'The Arabized Jews'. In *The Literature of Al-Andalus*, edited by María Rosa Menocal, Raymond P. Scheindlin, and Michael Sells, 435–54. Cambridge: Cambridge University Press.

Cole, Peter. 2007. *The Dream of the Poem: Hebrew Poetry from Muslim and Christian Spain, 950–1492*. Princeton, NJ: Princeton University Press.

Decter, Jonathan P. 2007. *Iberian Jewish Literature: Between al-Andalus and Christian Europe*. Bloomington: Indiana University Press.

Dukes, Leopold. 1853. נחל קדומים: נחלת יעקב. Hannover: Telgener.

Efron, John M. 2016. *German Jewry and the Allure of the Sephardic*. Princeton, NJ: Princeton University Press.

Freudenthal, Gad. 2009. 'Transfert culturel à Lunel au milieu du douzième siècle: Qu'est-ce qui a motivé les premières traductions provençales de l'arabe en hébreu?'. In *Des Tibbonides à Maïmonide: Rayonnement des juifs andalous en Pays d'Oc médiéval*, edited by Danièle Iancu-Agou and Élie Nicolas, 95–108. Paris: Éditions du Cerf.

Gilboa, Menucha. 1986. *Hebrew Periodicals in the 18th and 19th Centuries*. Tel-Aviv: Tel-Aviv University Press.

Graber, Shealtiel Isaac (ed.). 1889–1890. אוצר הספרות. 3 vols. Krakow: Joseph Fischer.

Hacker, Joseph R., and Adam Shear (eds). 2011. *The Hebrew Book in Early Modern Italy*. Philadelphia: University of Pennsylvania Press.

Ha-Levanon. National Library of Israel—Tel Aviv University. https://www.nli.org.il/he/newspapers/hlb

Halkin, Abraham Solomon, and Ruth Glasner. 2007. 'Jedaiah ben Abraham Bedersi'. In *Encyclopaedia Judaica 2nd ed.* 22 vols., edited by Fred Skolnik and Michael Berenbaum, 11: 100–1. Detroit, MI: Thomson Gale.

Iancu-Agou, Danièle. 1994. 'Affinités historiques et interférences culturelles chez les communautés juives de l'espace occitano-catalan'. In *Mossé ben Nahman i el seu temps*, edited by Joan Boadas i Raset and Sílvia Planas i Marcé, 113–40. Gerona: Ayuntamiento de Gerona.

Marshall, John H. 1972. *The Razos de Trobar of Raimon Vidal and Associated Texts*. London: Oxford University Press.

Pearce, Sarah. 2017. *The Andalusi and Literary Intellectual Tradition: The Role of Arabic in Judah ibn Tibbon's Ethical Will*. Bloomington: Indiana University Press.

Pines, Shlomo. 1963. *Moses Maimonides: The Guide of the Perplexed*. Chicago and London: Chicago University Press.

Renan, Ernest. 1893. *Les écrivains juifs français du XIVe siècle*. Paris: Imprimerie Nationale.

Richler, Benjamin. 2014. *Guide to Hebrew Manuscript Collections*. Jerusalem: Israeli Academy of Sciences and Humanities.

Scheindlin, Raymond P. 1986. *Wine, Women and Death: Medieval Hebrew Poems on the Good Life*. Philadelphia, PA: The Jewish Publication Society of America.

Schippers, Arie. 1994. *Spanish Hebrew Poetry and the Arabic Literary Tradition: Arabic Themes in Hebrew Andalusian Poetry*. Leiden: Brill.

Schirmann, Hayyim, and Ezra Fleischer. 1997. *The History of Hebrew Poetry in Christian Spain and Southern France*. Jerusalem: The Magnes Press, The Hebrew University of Jerusalem.

Schorsch, Ismar. 1989. 'The Myth of Sephardic Supremacy'. *Leo Baeck Institute Year Book* 34: 47–66.

Septimus, Bernard. 1982. *Hispano-Jewish Culture in Transition: The Career and Controversies of Ramah*. Cambridge, MA: Harvard University Press.

Skolnik, Jonathan. 2014. *Jewish Pasts, German Fictions: History, Memory, and Minority Culture in Germany, 1824–1955*. Stanford, CA: Stanford University Press.

Tanenbaum, Adena. 2003. 'Of a Pietist Gone Bad and Des(s)erts Not Had: The Fourteenth Chapter of Zechariah Aldahiri's *Sefer hamusar*'. *Prooftexts* 23/3: 297–319.

Tobi, Joseph. 2004. *Proximity and Distance: Medieval Hebrew and Arabic Poetry*. Leiden: Brill.

———. 2012. 'The Secular Hebrew Poet as Cultural Hero in the Middle Ages'. *Dappim: Research in Literature* 18: 208–31.

Torollo, David. 2021a. *Mishle he-'arav: La tradición sapiencial hebrea en la Península Ibérica y Provenza, s. XII–XIII*. Oxford: Peter Lang.

———. 2021b. 'On Wine, Wandering and Wisdom: Musar and Adab in Medieval Sepharad'. *Miscelánea de Estudios Árabes y Hebraicos, Sección Hebreo* 70: 31–49.

Twersky, Isadore. 1968. 'Aspects of the Social and Cultural History of Provencal Jewry'. *Journal of World History* 11: 185–207.

Vizan, Judah. 2016. 'מתוך: ספר הפרדס'. *Dehak: A Magazine for Good Literature* 7: 123–25.

Von Grunebaum, Gustave E. 1944. 'The Concept of Plagiarism in Arabic Theory'. *Journal of Near Eastern Studies* 3/4: 234–53.

Yaari, Abraham. 1967. *Hebrew Printing in Constantinople*. Jerusalem: Magnes Press, The Hebrew University of Jerusalem.

Yahalom, Joseph, and Naoya Katsumata (eds). 2010. *Taḥkemoni or Maḥberot Heman ha-ʾEzraḥi.* Jerusalem: Ben Zvi Institute and The Hebrew University of Jerusalem.

Zinberg, Israel. 1959. 'בני קמחי ובני תיבון ושאר חכמי פרובאנס'. In תולדות ספרות ישראל, vol. 1, edited by Israel Zinberg, 239–57. Tel-Aviv: Y. Shrebberq.

INDEX

Abraham ha-Bedersi, 14
Anaṭoli ben Joseph, 14
Baqashat ha-Memim, 14
Beḥinat ʿOlam, 13, 15
Catalonia, 4, 18
censorship, 4
Constantinople, 2, 5, 7–8, 10, 19
cultural renaissance, 13
Dunash ben Lavraṭ, 16
exemplum, *exempla*, 9, 28
gan, 9, 16–17
Iberia(n), 1, 5, 8, 12–13
introduction, *see* prologue
Italy, 4–5, 7, 17
Jedaiah ha-Penini, 1, 8–12, 14–18, 22, 30, 42, 56, 66, 100
Joseph Qimḥi, 11, 14, 15
Judah al-Ḥarizi, 4, 12, 15
Judah ibn Shabbetai, 14
Judah ibn Tibbon, 11, 13–15, 18
Leopold Dukes, 6–7
mashal, *meshalim*, 9, 20, 28, 56, 64, 120, 144
Minḥat Yehudah, 14
Mishle he-ʿArav, 1, 11, 15
Mivḥar ha-Peninim, 11, 14
musar, 1, 17, 22, 24, 30, 52, 54, 100, 112, 146, 156
Musare ha-Filosofim, 12
ʾOhev Nashim, 1, 14
ʾOṣar ha-Sifrut, 7, 10
pardes, 9, 16–17
prologue, 7–8, 10, 15
Provence, 1–2, 4, 8, 11–15, 17–18
Qalonimus ben Qalonimus, 14
Raimon Vidal de Besalú, 18
Razós de Trobar, 18
Sefer ha-Pardes, 1–3, 5–12, 15, 17–18
  content, 2, 7–11, 15–16
  manuscript(s), 1–5, 7–8, 10, 12, 17, 19–20, 44, 52, 64
  printed edition, 2, 7, 10, 19
Shelomoh ibn Gabirol, 11, 14
Sheqel ha-Qodesh, 11, 14
Sicily, 18
Taḥkemoni, 4, 12
transfert culturel, 13
translation, 1–3, 10, 12–15, 20, 22, 24, 88, 120
troubadour lyrics, 18
wisdom literature, 2, 14

Wissenschaft des Judentums, 6
Yehosef ha-ʾEzovi, 14
Yiṣḥaq ha-Qaṭan, 11, 15
Yiṣḥaq ha-Sheniri, 14

Cambridge Semitic Languages and Cultures

General Editor Geoffrey Khan

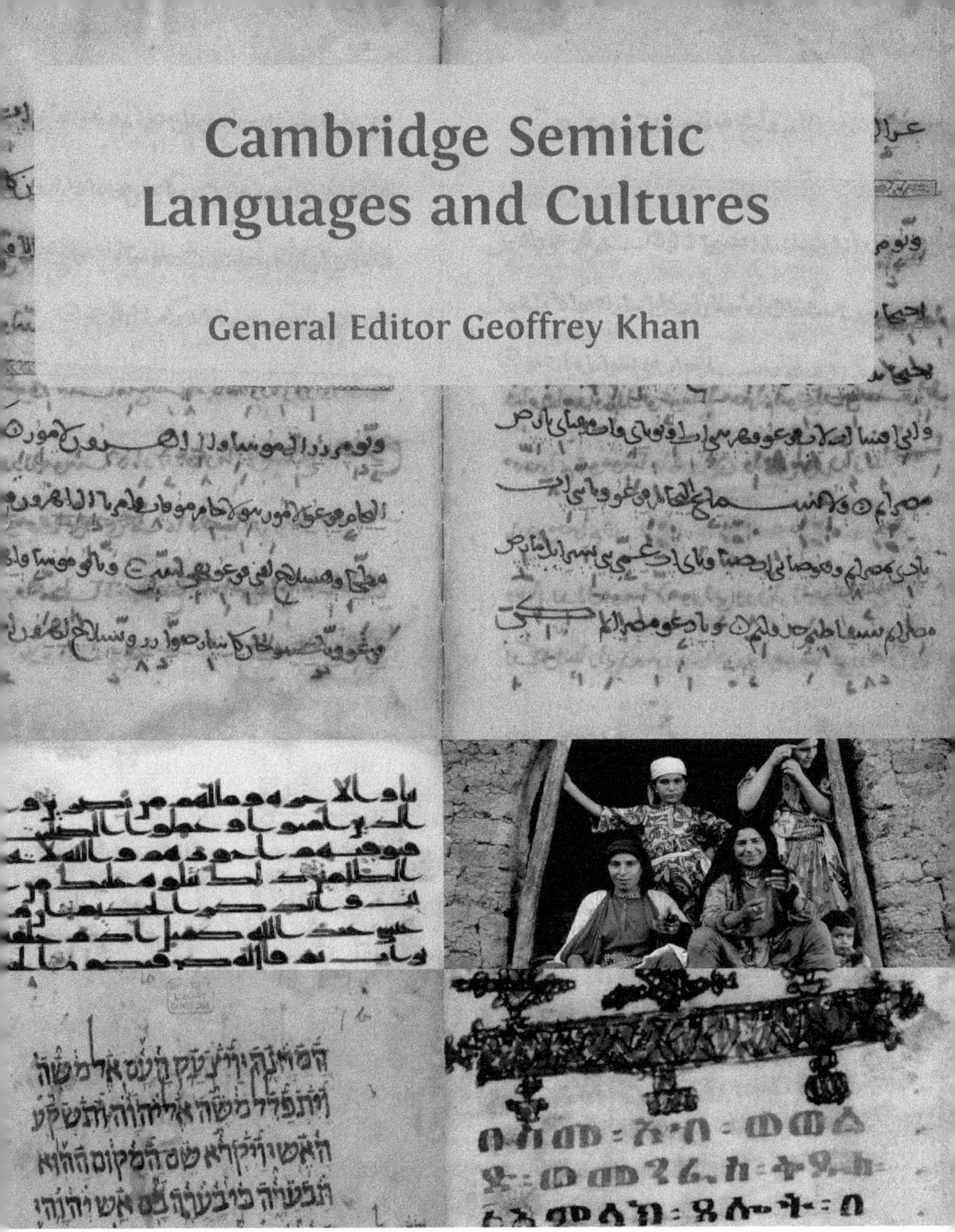

Cambridge Semitic Languages and Cultures

About the series

This series is published by Open Book Publishers in collaboration with the Faculty of Asian and Middle Eastern Studies of the University of Cambridge. The aim of the series is to publish in open-access form monographs in the field of Semitic languages and the cultures associated with speakers of Semitic languages. It is hoped that this will help disseminate research in this field to academic researchers around the world and also open up this research to the communities whose languages and cultures the volumes concern. This series includes philological and linguistic studies of Semitic languages, editions of Semitic texts, and studies of Semitic cultures. Titles in the series will cover all periods, traditions and methodological approaches to the field. The editorial board comprises Geoffrey Khan, Aaron Hornkohl, and Esther-Miriam Wagner.

This is the first Open Access book series in the field; it combines the high peer-review and editorial standards with the fair Open Access model offered by OBP. Open Access (that is, making texts free to read and reuse) helps spread research results and other educational materials to everyone everywhere, not just to those who can afford it or have access to well-endowed university libraries.

Copyrights stay where they belong, with the authors. Authors are encouraged to secure funding to offset the publication costs and thereby sustain the publishing model, but if no institutional funding is available, authors are not charged for publication. Any grant secured covers the actual costs of publishing and is not taken as profit. In short: we support publishing that respects the authors and serves the public interest.

UNIVERSITY OF
CAMBRIDGE
Faculty of Asian and Middle Eastern Studies

You can find more information about this serie at:
http://www.openbookpublishers.com/section/107/1

Other titles in the series

Neo-Aramaic and Kurdish Folklore from Northern Iraq
A Comparative Anthology with a Sample of Glossed Texts, Volume 1

Geoffrey Khan, Masoud Mohammadirad, Dorota Molin & Paul M. Noorlander

https://doi.org/10.11647/OBP.0306

Neo-Aramaic and Kurdish Folklore from Northern Iraq
A Comparative Anthology with a Sample of Glossed Texts, Volume 2

Geoffrey Khan, Masoud Mohammadirad, Dorota Molin & Paul M. Noorlander

https://doi.org/10.11647/OBP.0307

The Neo-Aramaic Oral Heritage of the Jews of Zakho
Oz Aloni

https://doi.org/10.11647/OBP.0272

Points of Contact
The Shared Intellectual History of Vocalisation in Syriac, Arabic, and Hebrew

Nick Posegay

❧ *Winner of the British and Irish Association of Jewish Studies (BIAJS) Annual Book Prize*

https://https://doi.org/10.11647/OBP.0271

A Handbook and Reader of Ottoman Arabic
Esther-Miriam Wagner (ed.)

https://doi.org/10.11647/OBP.0208

Diversity and Rabbinization
Jewish Texts and Societies between 400 and 1000 CE

Gavin McDowell, Ron Naiweld, Daniel Stökl Ben Ezra (eds)

https://doi.org/10.11647/OBP.0219

New Perspectives in Biblical and Rabbinic Hebrew
Aaron D. Hornkohl and Geoffrey Khan (eds)

https://doi.org/10.11647/OBP.0250

The Marvels Found in the Great Cities and in the Seas and on the Islands

A Representative of ʻAǧā'ib Literature in Syriac

Sergey Minov

https://doi.org/10.11647/OBP.0237

Studies in the Grammar and Lexicon of Neo-Aramaic

Geoffrey Khan and Paul M. Noorlander (eds)

https://doi.org/10.11647/OBP.0209

Jewish-Muslim Intellectual History Entangled

Textual Materials from the Firkovitch Collection, Saint Petersburg

Camilla Adang, Bruno Chiesa, Omar Hamdan, Wilferd Madelung, Sabine Schmidtke and Jan Thiele (eds)

https://doi.org/10.11647/OBP.0214

Studies in Semitic Vocalisation and Reading Traditions

Aaron Hornkohl and Geoffrey Khan (eds)

https://doi.org/10.11647/OBP.0207

Studies in Rabbinic Hebrew

Shai Heijmans (ed.)

https://doi.org/10.11647/OBP.0164

The Tiberian Pronunciation Tradition of Biblical Hebrew

Volume 1

Geoffrey Khan

ɤ *Winner of the 2021 Frank Moore Cross Book Award for best book related to the history and/or religion of the ancient Near East and Eastern Mediterranean*

https://doi.org/10.11647/OBP.0163

The Tiberian Pronunciation Tradition of Biblical Hebrew

Volume 2

Geoffrey Khan

Winner of the 2021 Frank Moore Cross Book Award for best book related to the history and/or religion of the ancient Near East and Eastern Mediterranean

https://doi.org/10.11647/OBP.0194

www.ingramcontent.com/pod-product-compliance
Lightning Source LLC
Chambersburg PA
CBHW050244170426
43202CB00015B/2905
* 9 7 8 1 8 0 0 6 4 7 2 5 1 *